KB145080

안드로이드 웨어 애플리케이션 개발

Korean edition copyright ⓒ 2017 by acorn publishing Co. All rights reserved.

Copyright ⓒ Packt Publishing 2016.
First published in the English language under the title
'Mastering Android Wear Application Development - (9781785881725)'

이 책은 Packt Publishing과 에이콘출판㈜가 정식 계약하여 번역한 책이므로
이 책의 일부나 전체 내용을 무단으로 복사, 복제, 전재하는 것은 저작권법에 저촉됩니다.

안드로이드 웨어 애플리케이션 개발

안드로이드 웨어 앱 개발 기초부터
테스트, 배포까지

시디크 하메드 · 자비드 치다 지음

안세원 · 이별임 옮김

| 지은이 소개 |

시디크 하메드 Siddique Hameed

마스터카드 MasterCard 의 결제 게이트웨이 플랫폼인 심플리파이 커머스 Simplify Commerce (https://simplify.com)에 근무하는 실용적 공학자로, 포천 Fortune 500에 선정된 대기업에서 스타트업에 이르는 다양한 규모의 회사에서 근무하면서 금융, 인터넷 상거래, 소셜미디어, 통신, 생체 정보, 출판, 보험 등 다양한 업무용 소프트웨어를 개발해왔다.

기술과 소프트웨어가 일상생활에 미치는 영향에 관심이 많은 그는 오픈소스 소프트웨어 문화의 신봉자며, 다양한 오픈소스 프로젝트에도 적극적으로 기여하고 있다. 때때로 기술 이벤트나 모임의 강연자를 맡고 있으며, 해카톤 hackathon 의 멘토 역할을 맡기도 한다. 또한 어린이와 성인에게 프로그래밍, 기술, 소프트웨어 개발을 가르치는 것을 좋아하며 Girls Who Code, Code.org, STEM science, technology, engineering, and mathematics 등의 코딩 행사에 자원봉사자로 참여하기도 한다.

여가 시간에는 장거리 여행을 떠나거나, 라즈베리 파이 Raspberry Pi 나 DIY 가젯을 만들기도 한다.

이 책을 나의 어머니, 아버지, 아내, 그리고 훌륭한 두 딸에게 바친다.

자비드 치다 Javeed Chida

글로벌 교육 분야의 리더인 아폴로 에듀케이션 그룹 Apollo Education Group 에서 시니어 소프트웨어 엔지니어로 일하고 있다. 그는 교육, 금융, 의학, 보험, 건설, 법조계 등 다양한 기업에서 사용하는 여러 계층으로 구성된 기업용 애플리케이션을 수년간 개발해왔다.

자바 포털, 그중에서도 라이프레이 Liferay 포털 플랫폼에 관심이 많다. 또한 재치있고 혁신적으로 작성된 기술 문서를 좋아한다. 라이프레이닷컴 Liferay.com 의 주요 커뮤니티 블로거로서 정기적으로 포스팅을 하고 있으며, 여가 시간에는 고전 시와 소설을 창작하곤 한다.

기술 감수자 소개

마크 엘스턴 Mark Elston

집적 회로와 모바일 디바이스의 테스트를 주 사업 영역으로 하는 자동화 테스트 장비 회사의 소프트웨어 아키텍트로, 공군과 해군의 항공기와 미사일 시뮬레이션, 나사NASA의 하드웨어 제어 시스템, 상용 제품을 위한 테스터 운영 시스템 등에서 30여 년간 경력을 쌓아왔다. 또한 재미로 몇 개의 안드로이드 애플리케이션을 개발하기도 했다. 최근엔 함수형 프로그래밍과 설계에 관심을 갖고 있다.

이 책을 검토하느라 시간을 쓰는 것을 이해해준 아내에게 감사의 말을 전한다. 또한 이 프로젝트에서 팩트 팀과 함께 일할 기회를 준 수잔 쿠티뉴에게도 감사드린다. 이 작업을 통해 여러 가지 교훈을 얻었고, 즐거운 경험을 할 수 있었다. 마지막으로, 나의 작은 제안도 진지하게 고려해준 두 저자에게 감사드린다. 의견이 존중되는 프로젝트에 참여한다는 건 기쁜 일이다.

| 옮긴이 소개 |

안세원 (kingori@gmail.com)

웹 애플리케이션 개발자, 소프트웨어 공학 컨설턴트를 거쳐 지금은 안드로이드 개발자로 일하고 있다. 끝내주는 안드로이드 앱을 만들어보려고 고군분투 중이다. 번역서로 『서블릿 & JSP 자바 웹 프로그래밍 완성』(에이콘, 2012), 『알짜만 골라 배우는 자바 구글앱엔진』(에이콘, 2010) 등이 있다.

이별임 (byeolimlee@gmail.com)

시스템 엔지니어로 시작해, 웹 애플리케이션 개발자를 거쳐 안드로이드 앱 개발자로 일하고 있다. 서비스 기획에도 관심이 많으며 늦게 시작한 안드로이드 개발 재미에 빠져 있다.

핸드폰은 물론 시계부터 TV와 자동차에 이르는 다양한 형태의 디바이스에서 구동될 수 있다는 점이 안드로이드의 매력 중 하나입니다. 이 중에서도 시계 형태의 안드로이드 워치 디바이스가 아마도 개발자가 가장 쉽게 접할 수 있는 디바이스일 것입니다. 여러 제조사에선 사용자의 요구에 맞춰 다양한 형태와 기능을 갖춘 안드로이드 워치 디바이스를 만들고 있습니다. 비록 안드로이드 워치가 생각만큼 많이 활성화되진 않았지만, 모바일 앱만 개발해보던 안드로이드 개발자에겐 매력적인 도전의 기회라고 생각합니다. 또한 2017년 상반기에 안드로이드 웨어 2.0이 발표되면서 웨어 개발 커뮤니티는 다시금 활기를 띠고 있습니다. 따라서 아직까지 안드로이드 웨어 앱을 만들어보지 않은 개발자라면 이제는 한번 개발해보셔도 좋지 않을까 생각합니다.

안드로이드 앱 개발에 어느 정도 익숙한 개발자라도 안드로이드 웨어 앱은 전혀 다른 특정을 가진 디바이스에서 동작해야 하기 때문에 알아야 할 내용이 많습니다. 이 중에는 작은 배터리 용량, 작은 화면, 처리 능력의 제약 등 개발자를 괴롭히는 부분도 있지만, 심박 센서나 워치페이스 등 웨어만이 제공할 수 있는 개발자의 상상력을 자극할 만한 기능들도 있습니다. 이 책을 통해 웨어러블 디바이스의 개념에서 시작해서 워치 디바이스에 최적화된 안드로이드 워치 앱을 개발하는 데 필요한 전반적인 지식을 습득할 수 있을 것입니다.

여러분이 안드로이드 웨어 앱을 만들어 마켓에 출시하는 데 이 책이 조금이나마 도움이 되길 바랍니다. 거창하게 출시까지 하지 않더라도 내 손목에서 동작하는 앱을 만들어보는 짜릿함과 재미를 느껴보시길 바랍니다.

이 책을 번역할 기회를 주신 에이콘출판사 여러분, 여러 방면으로 도움을 주신 카카오톡 안드로이드 파트의 개발자 동지 여러분, 번역하느라 주말에도 제대로 즐기지 못한 상황을 이해해준 아내에게 고맙다는 말을 전합니다.   – 안세원

함께 번역을 진행한 세원 님께 감사드립니다. 많은 도움을 주신 카카오톡 안드로이드 파트 동료들에게도 고맙다는 말씀 드립니다.   – 이별임

차례

1장   웨어러블 컴퓨팅 개요   25

2장   개발 환경 설정   33

| 들어가며 |

이 책은 웨어 앱이라고도 부르는 웨어러블 디바이스용 앱 개발에 관심이 있는 모바일, 데스크톱, 웹 플랫폼 개발자를 대상으로 한다. 이미 구글 플레이 스토어에 안드로이드 앱을 출시했지만 안드로이드 웨어까지 지원하려는 안드로이드 앱 개발자도 대상이다.

이 책의 목표는 독자에게 잘 설계되고 견고한 안드로이드 웨어 애플리케이션을 만드는 데 바탕이 되는 철학, 생각의 절차, 개발 상세, 방법론을 전달하는 데 있다. 웨어러블 컴퓨팅의 장단점을 알아보고, 이를 통해 독자에게 실용적이며 실생활에 쓰일 수 있는 웨어러블 앱을 만들기 위한 탄탄한 기초를 제공할 수 있길 바란다.

또한 이 책에선 다양한 개념과 기능들을 초급 수준에서 고급 수준까지 살펴본다. 각 장에서 다룬 코드 예제는 안드로이드 웨어 앱을 만드는 데 필요한 도구, 라이브러리, SDK, 연관 기술에 관련된 지식을 스스로 익힐 수 있도록 구성했다.

이 책의 각 장을 읽어가면서 다음과 같은 내용을 익히게 된다.

- 웨어러블 컴퓨팅 기술
- 안드로이드 스튜디오 기반의 안드로이드 웨어 앱 개발 환경을 구성하는 방법
- 안드로이드 웨어 SDK와 API
- 안드로이드 웨어 앱에서 널리 쓰이는 UI 패턴과 UX 원칙
- 원형과 정사각형의 각기 다른 웨어러블 디바이스 폼 팩터를 다루는 방법
- 안드로이드 웨어 디바이스에 탑재된 센서를 이용하는 방법
- 개념 실습을 위한 안드로이드 웨어 샘플 앱을 만드는 방법
- 안드로이드 모바일(핸드헬드)과 안드로이드 웨어 앱 사이에 통신하는 방법
- 안드로이드 웨어 앱을 구글 플레이 스토어에 출시하는 방법

▌ 이 책의 구성

1장, '웨어러블 컴퓨팅 개요' 웨어러블 컴퓨팅의 기본 내용과 함께 기술이 어떻게 발전해왔는지 설명한다. 또한 모바일 컴퓨팅, 유비쿼터스 컴퓨팅, 클라우드 컴퓨팅도 알아본다.

2장, '개발 환경 설정' 독자가 개발 환경 설정에 익숙해질 수 있도록 IDE 설치와 안드로이드 웨어 개발에 필요한 SDK와 라이브러리 설치 방법을 다룬다.

3장, '안드로이드 웨어 애플리케이션 개발' 안드로이드 스튜디오를 이용해 Today라는 안드로이드 웨어 애플리케이션을 단계별로 개발해본다.

4장, '워치 UI 개발' 안드로이드 웨어 SDK가 제공하는 UI 컴포넌트를 이용해 Today 앱을 개선해본다. 또한 커스텀 레이아웃을 이용해 커스텀 UI를 만들어본다.

5장, '데이터 동기화' 동반 핸드헬드 앱의 개념을 소개하고, 안드로이드 웨어 에뮬레이터와 핸드헬드 기기를 페어링해서 웨어러블 앱 개발 환경을 확장하는 방법을 알아본다. 이어서 Today 앱의 기능을 확장해 동반 앱 개념을 실습한다.

6장, '상황 인식 알림' 안드로이드 웨어의 알림에 대해 알아보고, Today 앱의 OnThisDay 액티비티에 안드로이드 웨어 알림 API를 활용해본다.

7장, '음성 인터랙션, 센서, 데이터 추적' 웨어 API가 제공하는 음성 관련 기능을 알아본다. 앱을 실행하는 음성 액션을 만들어보고, 디바이스의 센서를 이용해 데이터를 추적하는 방법을 알아본다.

8장, '커스텀 UI 만들기' 안드로이드 웨어 UI의 근간을 이루는 디자인 원칙을 알아보고, 일반적인 웨어 UI 패턴을 살펴본다. 그리고 좀 더 사용자 친화적인 형태를 갖도록 OnThisDay 액티비티를 수정해본다.

9장, '머티리얼 디자인' 머티리얼 디자인을 개념적으로 이해해보고, 웨어러블 앱의 디자인과 개발 관점에서 중요한 원칙들을 살펴본다. 이전 장에서 만들었던 Todo 앱에

할 일의 유형을 변경할 수 있도록 내비게이션 드로어를 추가해본다. 또한 각 유형에 따라 할 일 항목의 표시, 액션을 바꿔볼 수 있게 개선하면서 9장에서 다뤘던 내용을 실습해본다.

10장, '워치페이스' 워치페이스의 개념을 소개한다. 워치페이스 개발에 관련된 안드로이드 웨어 API를 살펴보고, 간단한 대화형 워치페이스를 만들어본다.

11장, '심화 기능' 항상 표시 상태로 동작하는 앱을 만드는 데 필요한 디자인 고려사항과 API를 알아본다. 웨어 API가 제공하는 기능을 이용해 항상 표시 상태의 액티비티를 직접 만들어본다. 또한 블루투스 연결 상태에서 웨어 앱을 디버깅하는 방법을 알아본다.

12장, '구글 플레이에 출시' 안드로이드 웨어 앱을 테스트하는 데 사용할 수 있는 도구와 UI 자동화 테스트 방법을 알아본다. 다음으로 단계별로 앱을 출시하는 방법을 알아본다.

▌ 준비 사항

이 책의 코드를 실행하고, 직접 애플리케이션을 개발해보려면 다음 도구가 필요하다.

- 안드로이드 스튜디오^{Android Studio} v2 이후 버전
- JDK v7 이후 버전
- 깃^{Git} 버전 관리 시스템
- 빠른 CPU, 충분한 RAM 등 모바일 애플리케이션을 개발하는 데 필요한 적정 요건을 갖춘 개발 시스템

▌ 이 책의 대상 독자

이 책은 안드로이드 웨어 플랫폼을 익히고, 안드로이드 웨어용 앱을 개발하는 데 필요한 지식을 쌓고 싶은 웹, 데스크톱, 모바일 자바 애플리케이션 개발자를 대상으로 한다.

▌ 편집 규약

이 책에서는 정보의 유형에 따라서 텍스트의 스타일이 바뀐다. 각 스타일은 다음과 같은 의미를 지닌다.

문장 속에서 코드는 다음과 같이 표기한다.

"우리는 include 지시어를 이용해 다른 파일의 내용을 삽입할 수 있다."

코드 블록은 다음과 같이 표기한다.

```
public static void Main(string[] args)
{
    var host = new WebHostBuilder()
    .UseKestrel()
}
```

명령줄 입력이나 출력은 다음과 같이 표기한다.

```
vi run json
```

새로운 용어나 중요한 단어, 그리고 메뉴나 대화상자처럼 컴퓨터 화면에 표시되는 단어는 다음과 같이 고딕체로 표기한다.

"Next 버튼을 누르면 다음 화면으로 이동한다."

주의를 요하거나 중요한 메시지는 이와 같이 나타낸다.

팁이나 유용한 요령은 이와 같이 나타낸다.

▌독자 의견

독자 여러분의 의견은 언제든지 환영한다. 이 책을 어떻게 생각하는지 부담 없이 이야기해준다면 좋겠다. 더 유익한 책을 만드는 데 있어 독자의 의견은 무엇보다 중요하다.

일반적인 의견은 이 책의 제목을 메일 제목으로 해서 feedback@packtpub.com으로 보내면 된다.

특정 분야의 책을 쓰거나 기여하는 데 관심이 있다면 www.packtpub.com/authors에 있는 저자 가이드를 참조하기 바란다.

▌고객 지원

팩트출판사의 구매자가 된 독자에게 도움이 되는 몇 가지를 제공하고자 한다.

예제 코드 다운로드

http://www.packtpub.com에 회원 가입해 팩트출판사의 도서를 구매한 모든 독자는 책에 등장하는 예제 코드 파일을 직접 내려받을 수 있다. 다른 곳에서 도서를 구매한 독자는 http://www.packtpub.com/support에 접속해 등록하면 이메일로 직접 받아볼 수 있다.

에이콘출판사의 도서정보 페이지 http://www.acornpub.co.kr/book/android-wear-application에서도 예제 코드를 내려받을 수 있다.

이 책에 수록된 코드는 깃허브에도 올려져 있고, 주소는 https://github.com/PacktPublishing/Mastering-Android-Wear-Application-Development이다.[1] https://github.com/PacktPublishing/에는 다른 책의 코드와 동영상도 올라와 있으니 확인해보길 바란다.

컬러 이미지 다운로드

이 책에서 사용한 스크린샷이나 도표의 컬러 이미지를 PDF 파일로 제공한다. 컬러 이미지는 책의 내용을 이해하는 데 도움을 줄 것이다. 파일은 https://www.packtpub.com/sites/default/files/downloads/MasteringAndroidWearApplicationDevelopment_ColorImages.pdf에서 내려받을 수 있다.

에이콘출판사의 도서정보 페이지 http://www.acornpub.co.kr/book/android-wear-application에서도 내려받을 수 있다.

오탈자

내용을 정확하게 전달하려고 최선을 다했지만, 실수가 있을 수 있다. 팩트출판사의 책에서 텍스트나 코드상의 문제를 발견해서 알려준다면, 매우 감사하게 생각할 것이다. 그러한 참여를 통해 다른 독자에게 도움을 주고, 다음 버전에서 책을 더 완성도 있게 만들 수 있다. 오자를 발견한다면 http://www.packtpub.com/submit-errata에서 Errata Submission Form 링크를 통해 구체적인 내용을 알려주기 바란다. 보내준

---

1 한국어 리소스를 추가한 한국어 깃허브 저장소 주소는 https://github.com/master-android-wear-kor/mastering-android-wear이다. - 옮긴이

내용이 확인되면 웹사이트에 그 내용이 올라가거나, 해당 서적의 정오표 섹션에 그 내용이 추가될 것이다.

https://www.packtpub.com/books/content/support를 방문해 검색창에 해당 타이틀을 입력하면 지금까지의 정오표를 확인할 수 있다. 한국어판은 에이콘출판사의 도서정보 페이지 http://www.acornpub.co.kr/book/android-wear-application에서 찾아볼 수 있다.

저작권 침해

인터넷에서의 저작권 침해는 모든 매체에서 벌어지고 있는 심각한 문제다. 팩트출판사에서는 저작권과 사용권 문제를 아주 심각하게 인식하고 있다. 어떤 형태로든 팩트출판사 서적의 불법 복제물을 인터넷에서 발견한다면 적절한 조치를 취할 수 있게 해당 주소나 사이트명을 알려주길 부탁한다.

의심되는 불법 복제물의 링크를 copyright@packtpub.com으로 보내주기 바란다.

저자와 더 좋은 책을 위한 팩트출판사의 노력을 배려하는 마음에 깊은 감사의 마음을 전한다.

질문

이 책에 관련된 질문이 있다면 questions@packtpub.com으로 문의하기 바란다. 온 힘을 다해 질문에 답해드리겠다. 한국어판에 관한 질문은 이 책의 옮긴이나 에이콘출판사 편집 팀(editor@acornpub.co.kr)으로 문의할 수 있다.

01

웨어러블 컴퓨팅 개요

"과거에 대해 더 많이 알수록, 미래를 더 잘 준비할 수 있다."

― 시어도어 루스벨트 Theodore Roosevelt

1장에선 웨어러블 컴퓨팅 wearable computing 의 진화를 알아보고, 웨어러블 컴퓨팅이 데스크톱, 모바일, 유비쿼터스 컴퓨팅 같은 컴퓨팅 패러다임과 어떻게 어울리는지 알아본다.

▌ 기술의 발달

웨어러블 컴퓨팅은 첨단 기술로 생각되지만, 수 세기 전 상인과 무역상이 주판을 계산 도구로 사용하던 시대에도 존재했다. 중국 문화를 다룬 역사 자료에 따르면, 청왕조 시대에는 반지에 주판을 조각해 계산기로 사용했다고 전해진다(http://www.chinaculture.org/classics/2010-04/20/content_383263_4.htm).

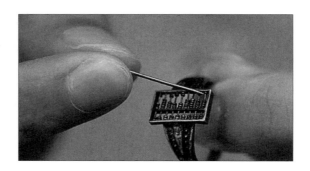

좀 더 최근에 발명된 현대적 형태의 웨어러블 컴퓨팅 디바이스로 카시오 데이터뱅크 Casio Databank 를 꼽을 수 있다. 카시오 데이터뱅크는 카시오가 1980년대 초에 제작한 전자 손목 시계로 계산기, 타이머, 세계 시계, 연락처 관리, TV와 VCR용 리모콘 등의 기능을 제공한다.

이 디바이스는 매우 인기가 있었고, 혁신적인 제품으로 손꼽혔다. 또한 당시의 수동 시계나 간단한 디지털 시계에 비해 매우 편리했다. 사용자들은 이 디바이스가 제공하는 시간 확인, 알림 설정, 계산기, 연락처 찾기 기능을 유용하게 썼다.

혁신가와 발명가들은 기술과 라이프 스타일을 밀접하게 접목하는 데 관심이 많았다. 아이팟 제어 기능을 갖춘 최초의 웨어러블 디바이스로 알려진 버튼^{Burton}의 Amp 재킷에서부터 애완 동물의 위치와 활동 추적 기능을 제공하는 **휘슬**^{Whistle}이라는 최신 디바이스에 이르기까지, 웨어러블 디바이스는 점점 더 보편화되고 있다.

▌ 무어의 법칙

인텔의 공동 설립자인 고든 무어^{Gordon Moore}는 50년 전에 집적 회로에 장착되는 트랜지스터의 수가 대략 2년마다 두 배가 될 것이라고 예측했다. 이는 컴퓨팅 파워의 폭발적 성장을 위한 기준선이었다. 시간이 흘러갈수록 전자 부품 크기는 점점 더 작아지고, 디바이스의 처리 능력은 더욱 강해졌다.

1960년 초반과 1970년대에 기업들이 사용한 메인프레임 컴퓨터는 거실만한 크기였다. 이후 점차 중간 크기의 서버와 데스크톱 컴퓨터 정도로 크기가 작아졌다. 시간이 지나면서 컴퓨터에 사용되는 집적 회로 칩과 마이크로프로세서는 강력해지고, 저장 디바이스의 크기는 작아지고, 저장 용량의 크기는 증가했다.

사람들이 데스크톱 컴퓨터에 이어 노트북 컴퓨터를 사용하면서 휴대성이 향상됐다. 노트북 컴퓨터에는 재충전할 수 있는 배터리가 장착되어 있어서, 사용자는 언제 어디서나 개인 업무나 회사 업무를 컴퓨터를 이용해 처리할 수 있게 됐다.

이어서 등장한 모바일 컴퓨팅 디바이스인 PDA^{Personal Digital Assistant}는 연락처 관리와 간단한 회사 업무를 처리하는 기능을 제공했다.

뒤를 이어 스마트폰의 시대가 도래했다. 스티브 잡스^{Steve Jobs}가 2007년에 아이폰을 소개했을 때, 당시 시장에는 이미 스마트폰들이 출시되어 있었다. 이후 애플의 아이폰과 구글의 안드로이드 플랫폼이 연이어 출시되면서, 스마트폰 업계에는 치열하고도 건전한 경쟁이 시작됐다.

웨어러블 디바이스의 추세를 보면 역사는 반복되고 있음을 알 수 있다. 이번엔 구글이 2014년에 안드로이드 웨어 플랫폼을 먼저 출시하면서 주도권을 선점했고, 애플은 2015년 4월에 첫 번째 웨어러블 워치를 발표했다.

삼성, 엘지, 페블^{Pebble}, 조본^{Jawbone} 등의 주요 기업도 이미 다양한 제품이 출시된 웨어러블 시장에 뛰어들었다.

▍ 유비쿼터스 컴퓨팅

유비쿼터스 컴퓨팅^{Ubiquitous computing}은 컴퓨팅 패러다임의 하나로, 인간과 컴퓨터의 상호작용은 다양한 디바이스를 통해 어디서나 이뤄질 수 있음을 의미한다. 예를 들어, 당신이 사무실 데스크톱 컴퓨터를 이용해 중요한 사업 제안서를 거의 완성했지만 딸 아이를 수영장에 데리고 갈 시간이 되었다고 생각해보자. 당신은 사무실을 떠나, 아이를 수영장에 데리고 갔다. 아이가 수영 수업을 받는 동안에 당신은 스마트폰을 이용해 사업 제안서를 완성해서 고객에게 보냈다.

당신이 집으로 운전해서 돌아오는 동안, 고객으로부터 응답 이메일을 받았다. 당신이 운전하는 자동차에 탑재된 컴퓨터에 설치된 시리^{Siri}나 알렉사^{Alexa} 등의 시스템이 고객에게 받은 이메일을 소리 내어 읽어준다. 그리고 집에 도착했을 때 당신은 스마트 워치를 사용해 고객에게 회신하고, 다음 회의 날짜와 장소를 정했다.

이 예시에서 말하고 싶은 내용은 기술이 인간의 삶을 대체할 수 있다는 게 아니다. 오히려, 언제 어디서나 간단한 상호작용을 통해 우리가 원하는 목적을 달성할 수 있다는 뜻이다. 이때 사용자 주변의 디바이스들은 사용자가 원하는 목적을 달성하도록 돕는 역할을 한다. 이것이 유비쿼터스 컴퓨팅의 기초 철학이다. 유비쿼터스 컴퓨팅은 당신이 장소에 구애받지 않고 작업을 수행할 수 있음을 의미한다.

인간과 컴퓨팅 디바이스 간의 상호작용은 우리 생활 곳곳에 녹아들어 있으며, 때로는 우리가 알아차리지 못하는 사이에도 일어나고 있다.

디바이스끼리 상호작용을 하기 위해선 디바이스를 연결하는 통신 인프라가 필요한데, 이러한 통신 인프라는 클라우드 컴퓨팅 등의 기술, 블루투스^{Bluetooth}, BLE^{Bluetooth Low Energy}, NFC^{Near Field Communications}, RFID^{Radio Frequency Identifications}, 지그비^{ZigBee} 등의 무선 통신 규격과 표준을 이용해 구축한다.

애플리케이션 개발자, 디자이너, 서비스 제공자는 사용자가 자신의 주변 디바이스를 이용해 어디서든 상호작용할 수 있도록 앱과 서비스를 설계해야 한다. 모든 디바이스는 고유의 폼 팩터^{form factor}를 가지며, 특정한 요구사항에 맞춰 만들어진다. 뛰어난 사용자 경험을 제공하는 앱을 만들려면 사용자가 어떠한 상황에 처해 있으며, 이러한 상황에서 사용자는 디바이스와 어떤 형태로 상호작용해야 하는지를 잘 파악해야 한다. 예를 들어, 크기와 폼 팩터를 고려하면 워치 앱에 키보드 UI를 사용하는 것은 실용적이지 않다. 이 경우엔 웨어러블 플랫폼 내에서 제공하는 텍스트 음성 변환을 이용해 음성 입력을 사용하는 편이 낫다.

▌모바일과 웨어러블의 조합

이제 스마트폰은 우리 일상에 필수품이 되었다. 스마트폰은 우리 삶의 일부가 됐고, 우리는 스마트폰을 핸드백이나 가방 안에 넣어 다니며 일상적인 업무를 처리하는 데 사용한다. 스마트폰 덕분에 중요한 업무도 시간에 구애받지 않고 처리할 수 있게 됐다. 예전엔 개인용 컴퓨터나 휴대용 컴퓨터가 필요했던 작업도 이제는 스마트폰이나 태블릿으로 처리할 수 있다.

스마트폰은 휴대하기 간편해서 많은 사람이 널리 사용한다. 스마트폰은 노트북보다 휴대하기 편리하고, 언제든 필요할 때 사용할 수 있다.

이동 중에 작업을 해야 할 경우, 휴대전화와 태블릿으로 대부분의 작업을 할 순 있지만, 사용하기 불편한 상황도 있다. 한쪽 손을 사용하고 있어서 다른 한쪽 손으로만 핸드폰을 사용해야 하는 경우, 핸드폰을 원활하게 사용하긴 쉽지 않다. 시간을 확인하거나 문자 메시지를 보려면, 주머니나 가방에서 핸드폰을 꺼내야 한다. 이런 상황에서 웨어러블 디바이스를 이용하면 핸드폰보다 쉽고 빠르게 목적을 달성할 수 있다.

웨어러블 컴퓨팅은 컴퓨팅 혁신의 새로운 도전 영역이다. 웨어러블 컴퓨팅은 수많은 가능성을 지니고 있다. 스마트폰도 매우 개인적인 디바이스지만, 스마트워치나 신체 활동 추적기 같은 웨어러블 디바이스만큼 개인적이진 않다. 웨어러블 디바이스나 몸에 부착하는 디바이스는 항상 우리 몸에 붙어 있기 때문에 심장 박동수, 걸음걸이, 체온 같은 중요한 지표를 측정할 수 있다는 장점이 있다.

웨어러블 디바이스는 헬스케어 시장에서 거대한 잠재력을 갖고 있으며, 수시로 사용자의 건강 상태를 확인해 건강한 생활 습관을 갖도록 안내해줄 수 있다.

웨어러블 디바이스는 생체 인증에도 사용할 수 있다. **나이미** ^{Nymi}(https://www.nymi.com/the-nymi-band/)라는 업체는 심장과 맥박수로 사용자를 인증하는 기능을 제공한다.

RFID 기반의 출입 카드 대신 웨어러블 워치를 출입 카드로 사용하는 방법도 생각해 볼 수 있다. 웹사이트에 로그인을 해야 할 경우, 비밀번호 대신 심장박동 수나 홍채 인식 등의 생체 데이터를 이용할 수도 있을 것이다.

▌ 안드로이드 웨어 소개

안드로이드 웨어^{Android Wear}는 구글이 스마트워치 같은 웨어러블 디바이스용으로 포팅한 안드로이드 운영체제다. 이 글을 쓰는 시점에는 LG, 모토로라^{Motorola}, 화웨이^{Huawei}, 에이수스^{Asus}, 파슬^{Fossil}, 태그호이어^{TAG Heuer} 등 12개가 넘는 제조사가 안드로이드 웨어 워치를 만든다.

안드로이드 웨어 플랫폼은 디바이스와 화면 크기 면에서 경쟁사인 애플의 **watchOS** 플랫폼과 차이가 있다.

42mm와 38mm의 직사각형 화면 크기만 제공하는 애플 워치와 달리, 안드로이드 웨어는 원형, 정사각형, 직사각형 화면을 지원한다. 또한 표준 42mm와 38mm 외에도 다양한 화면 크기를 지원한다.

또한 안드로이드 웨어 앱을 이용하면 안드로이드 웨어 기기를 안드로이드와 iOS 플랫폼에 모두 페어링할 수 있다.

이 책에선 안드로이드 웨어 애플리케이션 개발에 관련된 여러 주제를 다루며, 다양하고 강력한 기능을 제공하는 안드로이드 웨어 애플리케이션을 작성하는 데 필요한 정보를 제공한다.

▌ 요약

1장에선 웨어러블 컴퓨팅 패러다임을 알아보고, 웨어러블 컴퓨팅이 모바일과 데스크톱 컴퓨팅 플랫폼과 다른 점을 살펴봤다.

2장에선 안드로이드 웨어 애플리케이션을 개발하기 위한 환경을 설정하는 방법을 알아본다. 그럼 이제 안전벨트를 매고 재미있고 흥미로운 안드로이드 웨어 앱 개발 세계로 떠나보자!

02

개발 환경 설정

"나에게 나무를 자를 6시간을 준다면, 나는 먼저 도끼를 날카롭게 하는 데 4시간을 쓰겠다."
– 에이브러햄 링컨 Abraham Lincoln

2장에선 안드로이드 스튜디오 Android Studio 를 이용한 개발 환경 설정에 관련된 주제와 과정을 살펴본다. 안드로이드 스튜디오를 이용해 안드로이드 애플리케이션을 개발해 봤다면, 알고 있는 내용도 있을 것이다. 하지만 안드로이드 웨어 플랫폼에 특화된 내용도 있으니 주의 깊게 살펴보기 바란다.

▎ 안드로이드 스튜디오

안드로이드 스튜디오 IDE^{Integrated Development Environment} 는 Intellij IDEA 플랫폼을 기반으로 한다. IntelliJ IDEA 플랫폼으로 자바 프로그램을 개발해봤다면, 안드로이드 스튜디오 IDE도 어렵지 않게 사용할 수 있을 것이다.

안드로이드 스튜디오 플랫폼은 안드로이드 애플리케이션 개발에 필요한 도구 및 라이브러리와 함께 제공된다. 개발 시스템에 안드로이드 스튜디오를 처음 설치하는 것이라면, 설치 전에 모든 요구사항을 만족하는지 확인해야 한다. 설치할 운영체제별 요구사항은 안드로이드 개발자 사이트(http://developer.android.com/sdk/index.html#Requirements)를 참고한다.

안드로이드 스튜디오를 실행하려면 적어도 JDK 7 이상의 버전이 설치되어 있어야 한다. 터미널에서 다음 명령어를 입력하면 JDK 버전을 확인할 수 있다.

```
SiddiquesMBP:~/Projects$ java -version
java version "1.7.0_55"
Java(TM) SE Runtime Environment (build 1.7.0_55-b13)
Java HotSpot(TM) 64-Bit Server VM (build 24.55-b03, mixed mode)
SiddiquesMBP:~/Projects$ javac -version
javac 1.7.0_55
```

시스템이 요구사항을 충족하지 못하면 JDK를 업그레이드해야 한다.

▎ 설치

안드로이드 스튜디오 플랫폼에는 안드로이드 애플리케이션 개발에 필요한 안드로이드 스튜디오 IDE, SDK 도구, 구글 API 라이브러리, 시스템 이미지들이 포함되어 있다.

http://developer.android.com/sdk/index.html 페이지에서 해당 운용체제용 안드로이드 스튜디오를 내려받고, 안내에 따라 설치한다.

▌ 깃과 깃허브

깃 ^{Git}은 오픈소스 프로젝트에 널리 쓰이는 분산형 버전 관리 시스템이다. 이 책에선 깃을 이용해 예제 코드와 예제 프로젝트를 관리한다.

터미널에서 다음 명령어를 입력해 시스템에 깃의 설치 여부를 확인한다.

```
SiddiquesMBP:~/Projects$ git --version
git version 2.5.4 (Apple Git-61)
SiddiquesMBP:~/Projects$
```

만약 설치되지 않았다면, https://git-scm.com/downloads에서 깃을 내려받아 설치한다.

요세미티^{Yosemite}, 엘카피탄^{El Capitan} 같은 맥 OS나 우분투^{Ubuntu}, 쿠분투^{Kubuntu}, 민트^{Mint} 등의 리눅스 배포판에서 작업하는 경우, 이미 깃이 설치됐을 수 있다.

깃허브^{GitHub}(http://github.com)는 깃 기반의 오픈소스 프로젝트를 위한 인기 있는 무료 호스팅 서비스다. 깃허브를 이용하면 오픈소스 프로젝트를 쉽게 체크아웃하고, 해당 프로젝트에도 기여할 수 있다. 계정이 없다면, 깃허브에 가입해 무료 계정을 만들길 바란다.

안드로이드 웨어 예제 프로젝트와 이 책의 애플리케이션 예제 코드는 깃허브로 체크아웃할 수 있다. 안드로이드 애플리케이션을 개발하기 위해 깃 전문가가 될 필요는 없지만, 프로젝트를 원활히 수행하려면 깃 명령어의 기본적인 사용법은 익혀두길 바란다.

안드로이드 스튜디오는 기본적으로 깃과 깃허브 지원 기능을 제공한다. 이 기능을 이용하면 구글 깃허브 저장소의 예제 코드나 그 밖의 다양한 예제 애플리케이션 코드를 손쉽게 가져올 수 있다.

▌ 그레이들

안드로이드 애플리케이션은 그레이들^{Gradle}(http://gradle.org/)을 빌드 시스템으로 사용한다. 그레이들은 앱을 빌드, 테스트, 실행, 패키징하는 데 사용한다.

그레이들은 선언적이고 '설정보단 관례^{convention over configuration}' 원칙에 따라 빌드 작업과 환경 설정을 기술한다. 그레이들은 코드를 빌드하고 컴파일하는 데 필요한 모든 라이브러리 종속성을 관리한다.

다행히 안드로이드 스튜디오는 개발에 필요한 대부분의 그레이들 작업을 추상화해준다. 하지만 그레이들을 잘 알아두면 여러모로 도움이 된다. 이 책에선 그레이들의 세부사항까진 다루진 않지만, 본문을 이해하는 데 필요한 내용은 자세히 알아볼 것이다.

▍ 안드로이드 SDK 패키지

안드로이드 스튜디오를 설치할 때, 개발에 필요한 모든 안드로이드 SDK 패키지가 함께 설치되진 않는다. 안드로이드 SDK는 도구, 플랫폼, 기타 컴포넌트와 라이브러리를 각각 패키지로 분리해 관리하고, 안드로이드 SDK 관리자를 이용하면 필요한 패키지를 내려받을 수 있다. 그러므로 애플리케이션을 개발하려면 먼저 안드로이드 SDK에서 필요한 패키지들을 내려받아 설치해야 한다.

안드로이드 스튜디오에서 SDK 관리자를 실행하려면 Tools > Android > SDK Manager를 선택한다.

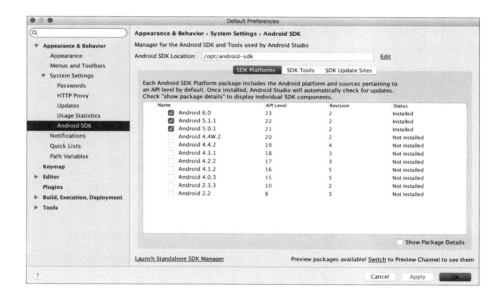

위 스크린샷에서 몇 가지 항목을 살펴보자.

안드로이드 SDK의 위치는 /opt/android-sdk이다. 이 위치는 안드로이드 스튜디오 설치 시에 선택한 경로에 따라 다를 수 있다. 여기서 중요한 점은 안드로이드 SDK와 안드로이드 스튜디오(/Applications/Android\Studio.app/)가 각기 다른 경로에 설치되어 있다는 것이다.

이렇게 각기 다른 경로에 설치한다면, 안드로이드 SDK는 안드로이드 스튜디오를 새로 설치하거나 업그레이드했을 때 영향을 받지 않으며, 그 반대의 경우도 마찬가지다.

SDK Platforms 탭에선 안드로이드 버전 6.0, 5.1.1, 5.0.1 등의 최신 안드로이드 SDK 버전을 선택한다.

웨어러블 앱이 지원하고자 하는 안드로이드 버전에 따라 이전 버전의 SDK 버전을 선택할 수도 있다.

오른쪽 아래에 있는 Show Package Details 옵션을 체크하면, 각 안드로이드 SDK 버전에서 설치해야 할 패키지들이 표시된다.

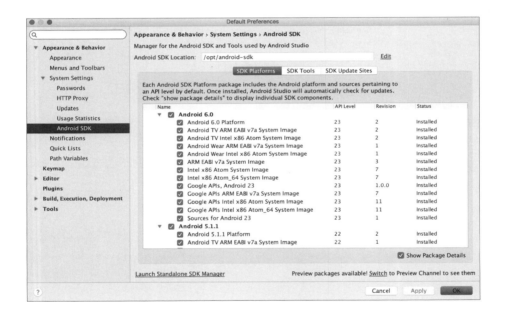

혹시 모르니 모든 패키지를 선택하자. 이렇게 하면 안드로이드 웨어의 ARM과 인텔 시스템 이미지도 함께 선택된다.

SDK Tools 탭을 클릭했을 때, 다음 항목들이 선택되어 있는지 확인하자.

- Android SDK Build T3ools

- Android SDK Tools 24.4.1(최신 버전)

- Android SDK Platform-Tools

- Android Support Repository, rev 25(최신 버전)

- Android Support Library, rev 23.1.1(최신 버전)

- Google Play services, rev 29(최신 버전)

- Google Repository, rev 24(최신 버전)

- Intel X86 Emulator Accelerator(HAXM installer), rev 6.0.1(최신 버전)

- Documentation for Android SDK(선택사항)

SDK 창은 다음 스크린샷처럼 보일 것이다.

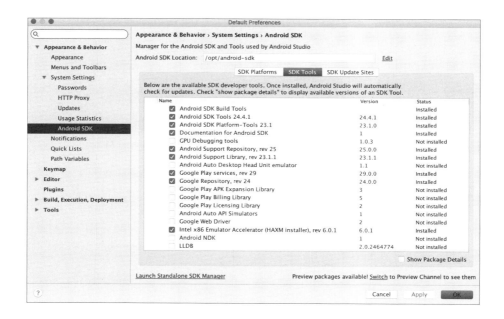

SDK Updates Sites 탭에선 아무것도 변경하지 않는다. 업데이트 사이트는 기본 설정
을 그대로 둔다.

OK 버튼을 클릭한다. 선택된 패키지와 모든 구성요소를 내려받아 설치하는 데는 어느 정도 시간이 소요될 수 있다.

▌ 안드로이드 가상 디바이스

안드로이드 가상 디바이스^{AVD, Android Virtual Devices}를 이용하면 안드로이드 에뮬레이터로 코드를 테스트할 수 있다. AVD를 이용하면 다양한 폼 팩터와 안드로이드 시스템 버전에서 앱을 테스트할 수 있다.

안드로이드 가상 디바이스 관리자를 실행하기 위해 **Tools > Android > AVD Manager** 를 누른다.

AVD Manager 창에서 왼쪽 아래에 있는 **Create New Virtual Device** 버튼을 누르고 다음 스크린으로 진행한 후에 **Wear** 카테고리를 선택한다.

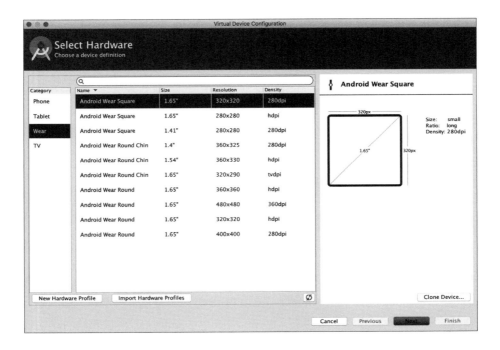

Marshmallow(API Level: 23, ABI: x86)를 선택하고, 나머지 항목은 다음 스크린샷과
같이 기본 설정으로 둔다.

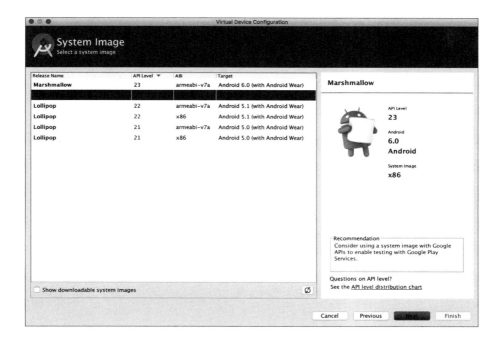

 글을 쓰는 시점의 최신 안드로이드 버전은 마시멜로(Marshmallow) API 23이다. 여러
분이 이 책을 읽을 시점엔 이 버전이 최신 버전이 아닐 수도 있다. 이 경우엔 최신 버전을
사용해도 무방하다. 이전 안드로이드 버전도 지원하고 싶다면 화면에 나온 버전을 사용해
도 좋다.

Next 버튼을 클릭하면 설정 창이 표시된다.

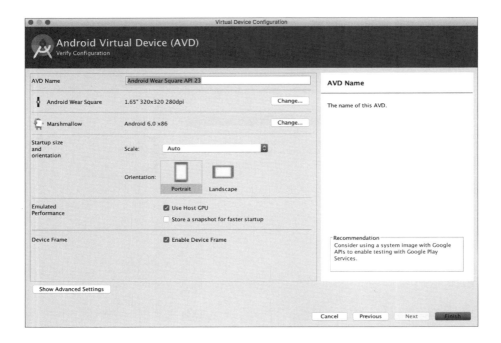

가상 디바이스가 성공적으로 생성되면, 다음 스크린샷처럼 Android Virtual Devices 리스트에 생성된 디바이스가 표시된다.

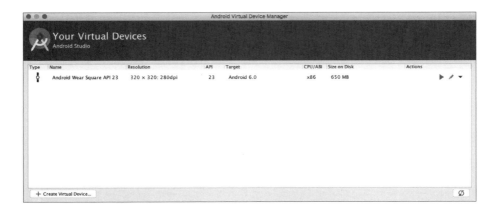

개발할 때 실제 안드로이드 웨어 디바이스가 꼭 필요하진 않지만, 실제 디바이스를 이용하는 편이 더 빠르고 편할 수 있다. 그러나 이 책에선 안드로이드 에뮬레이터를 이용해 개발하고 테스트하는 방법을 다룬다.

▌골격 애플리케이션 만들기

이제 웨어러블 앱을 제작하는 데 필요한 모든 컴포넌트를 설치했고, 환경 설정도 마쳤으므로 골격 앱을 만들어서 지금까지 진행한 내용을 확인해보자.

안드로이드 스튜디오의 Quick Start 메뉴에서 Import an Android code sample 옵션을 클릭한다.

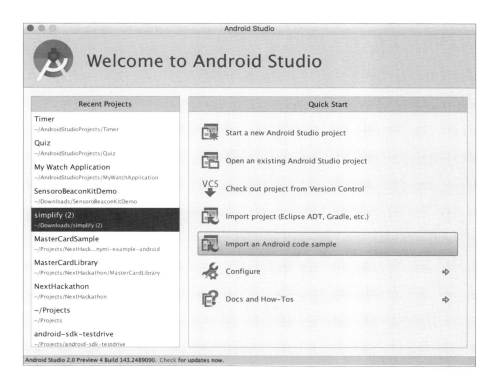

Wearable 카테고리에서 Skeleton Wearable App을 선택한다.

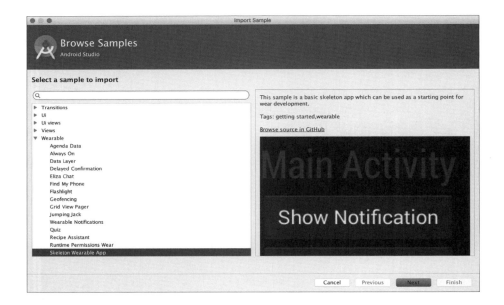

Next를 클릭하고 원하는 프로젝트 경로를 선택한다.

깃허브에 있는 구글의 예제 코드 저장소로부터 골격 프로젝트가 클론되어 만들어진다.

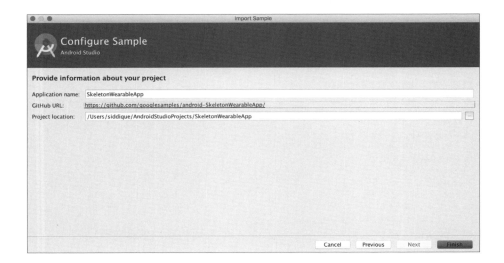

Finish 버튼을 클릭해 소스 코드를 내려받는다. 안드로이드 스튜디오는 소스 코드를 컴파일하고 빌드해 실행할 준비를 마친다.

다음 스크린샷은 그레이들 빌드가 오류 없이 성공적으로 완료됐음을 나타낸다. 스크 린샷에 보이는 것처럼 녹색 실행 버튼을 클릭해 앱을 실행한다.

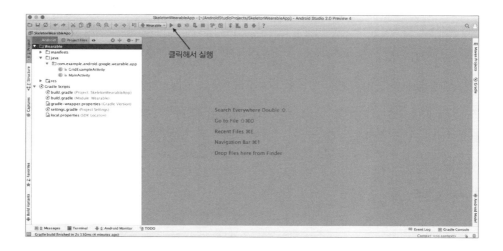

앱을 실행하면 안드로이드 스튜디오는 배포 대상을 선택하라는 메시지를 출력한다. 미리 만들어둔 에뮬레이터를 선택하고 OK를 클릭한다.

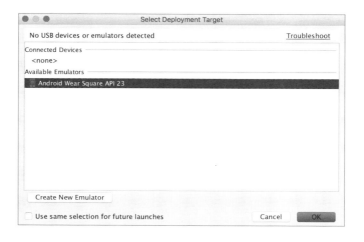

코드가 컴파일되고 에뮬레이터에 업로드되면, 골격 앱의 메인 액티비티가 실행된다.

SHOW NOTIFICATION 탭을 클릭하면 알림이 보인다.

START TIMER 탭을 클릭하면 타이머가 시작되어 5초 동안 동작한다. FINISH ACTIVITY 를 클릭하면 화면이 닫히고 에뮬레이터에 홈 화면이 표시된다.

┃ 요약

2장에선 안드로이드 스튜디오 개발 환경 설정 과정을 알아봤다. 이 과정에서 안드로이드 웨어 개발에 필요한 개발 환경 설정 방법, 요구사항, SDK 도구, 패키지, 기타 컴포넌트를 살펴봤다.

이어서 구글 예제 코드 저장소에서 골격 웨어러블 앱의 소스 코드를 체크아웃해 안드로이드 디바이스 에뮬레이터에서 테스트했다.

3장에선 지금까지 구성한 개발 환경을 이용해 안드로이드 웨어 애플리케이션을 기초부터 개발해본다.

03

안드로이드 웨어
애플리케이션 개발

"타협은 주고받기에 기반한다. 하지만 진리에 있어서 주고받기란 있을 수 없다. 진리에
대한 타협은 굴복을 의미한다. 주기만 할 뿐 받는 것이 없기 때문이다."

– 마하트마 간디 Mahatma Gandhi

3장에선 안드로이드 스튜디오를 이용해 2장에서 생성한 예제 골격 프로젝트의 개념
을 알아보고, 안드로이드 웨어 애플리케이션 구성요소의 이해를 돕기 위해 코드를 상
세히 살펴본다.

이어서 안드로이드 스튜디오를 이용해 신규 안드로이드 웨어 앱을 만들어본다. 앱을
만드는 과정을 살펴보고 이 과정에서 코드를 어떻게 수정했는지 알아본다. 마지막으
로, 앱을 실행해 결과를 확인해본다.

자, 이제 코드를 만들어보자.

골격 앱

2장에선 안드로이드 스튜디오를 이용해 예제 프로젝트를 임포트하고 골격 웨어러블 애플리케이션을 제작하는 방법을 알아봤다. 코드는 깃허브 저장소(https://github.com/googlesamples/android-SkeletonWearableApp/)를 참고한다.

안드로이드 스튜디오는 계속 업데이트된다. 이 글을 쓰는 시점의 최신 버전은 안드로이드 스튜디오 2.0 프리뷰 7이다. 이 책을 읽을 시점엔 더 최신 버전이 출시됐을 수도 있다.

안드로이드 스튜디오가 골격 웨어러블 앱을 가져올 수 없거나, 구글의 예제 깃허브 저장소에 코드가 존재하지 않을 경우 깃허브 저장소(https://github.com/siddii/android-SkeletonWearableApp)에서 예제를 클론할 수 있다.

 이전에 안드로이드 앱을 개발해본 적이 있다면, 3장의 내용은 쉽게 이해할 수 있을 것이다. 앱을 만들어본 적이 없다면, 이 기회에 안드로이드 앱 개발의 기본 개념과 기초를 훑어보자.

안드로이드 매니페스트 파일

모든 안드로이드 애플리케이션은 AndroidManifest.xml이라는 안드로이드 매니페스트 파일 manifest file 을 갖는다. 이 파일에는 안드로이드 운영체제에서 앱을 실행하는 데 필요한 모든 필수 정보가 담겨 있다. 매니페스트 파일에선 안드로이드 애플리케이션의 액티비티 activity, 서비스, 인텐트 intent, SDK 버전, 권한, 애플리케이션이 갖는 고유 컴포넌트, 동작 특성을 선언한다.

골격 웨어러블 앱에 포함된 안드로이드 매니페스트 파일의 23번째 줄을 잘 살펴보자.

```
<uses-feature android:name="android.hardware.type.watch" />
```

이 내용은 앱이 안드로이드 웨어 앱이라는 사실을 안드로이드 운영체제에 알리는 역할을 한다. 진짜 그런지 이 줄을 AndroidManifest.xml 파일에서 주석 처리해 확인해보자. 에뮬레이터를 이용해 애플리케이션을 실행하면 다음과 같은 오류 메시지가 표시된다.

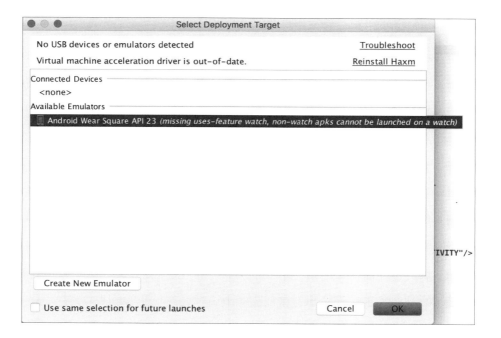

▮ 그레이들 빌드 파일

그레이들 빌드 파일은 어떻게 구성되는지 확인해보자. 루트 폴더의 settings.gradle 파일은 이 프로젝트의 모든 모듈을 포함한다. 이 프로젝트는 Wearable이라는 모듈 하나만 갖는다.

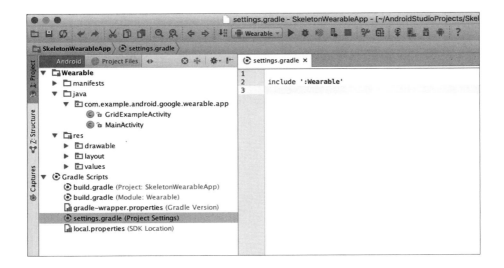

이 프로젝트에는 2개의 build.gradle 파일이 존재한다. 파일 하나는 프로젝트 레벨이고, Wearable 폴더 안에 위치한 파일은 모듈 레벨이다.

프로젝트의 build.gradle 파일은 비어 있는데, 딱히 프로젝트 레벨에서 빌드와 관련해 설정할 내용이 없기 때문이다. 반면 Wearable 모듈의 build.gradle 파일에는 이 앱의 모든 빌드 설정이 포함되어 있다.

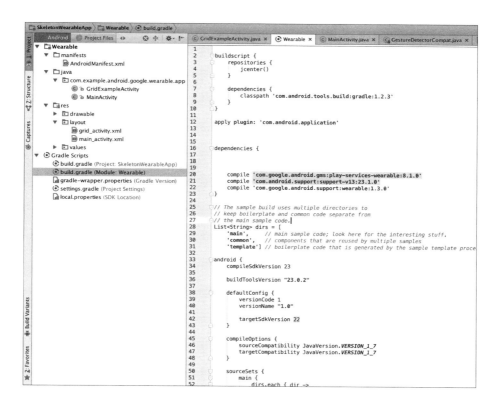

build.gradle 파일의 20, 21, 22번째 줄에선 이 프로젝트의 외부 빌드 의존 관계를
선언한다. 20번째 줄에선 안드로이드 웨어 플랫폼의 필수 요소인 **구글 플레이 서비스**
Google Play Services 에 대한 의존 관계를 선언한다. 구글 플레이 서비스는 안드로이드 폰
과 웨어러블 디바이스 사이의 데이터 동기화와 통신에 주로 사용된다. 데이터 동기화
와 통신은 나중에 다룬다.

GridExampleActivity 클래스에선 **프래그먼트** Fragment 를 사용하기 때문에, 21번째 줄
에선 v13 서포트 라이브러리에 대한 의존 관계를 선언한다.

마지막으로, 22번째 줄에선 이 앱이 웨어러블 애플리케이션이기 때문에 웨어러블 서
포트 라이브러리에 대한 의존 관계를 선언한다.

나머지 내용은 소스 경로, 컴파일 버전, 타깃 SDK 버전, 앱 버전 등 안드로이드 애플리케이션과 관련된 표준 설정이다.

앱 액티비티

골격 프로젝트는 `MainActivity`와 `GridExampleActivity`라는 2개의 액티비티로 구성된다. `MainActivity`는 Main Activity라는 텍스트 뷰와 `ScrollView` 레이아웃을 갖는데, `ScrollView` 레이아웃 안에는 다시 3개의 버튼이 있다.

컴포넌트 레이아웃이 어떻게 구성됐는지 살펴보기 위해 main_activity.xml 파일을 자세히 보자. 안드로이드 스튜디오의 레이아웃 편집기를 이용하면 안드로이드 애플리케이션을 효율적으로 개발할 수 있다. 레이아웃 편집기는 UI 컴포넌트가 실행 시에 어떻게 표시되는지 정확히 일치하진 않아도 거의 비슷한 형태로 보여주기 때문이다.

main_activity.xml 파일을 열어 안드로이드 스튜디오의 오른쪽에 Preview 도구 창이 선택되어 있는지 확인하자.

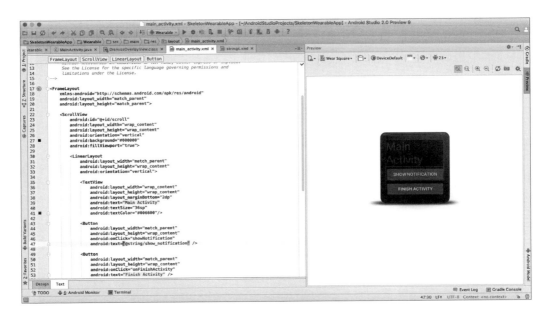

안드로이드 스튜디오의 레이아웃 편집기는 레이아웃 파일의 변경사항에 대한 실시간 미리보기를 제공한다. 레이아웃 편집기를 이용하면 각기 다른 폼 팩터에서 컴포넌트가 어떻게 배치되는지 미리 살펴볼 수 있다. 안드로이드 웨어는 정사각형과 원형의 폼 팩터를 가지므로, 각 폼 팩터에서 컴포넌트가 어떻게 배치되는지 미리 확인해보기 바란다.

레이아웃 드롭다운 메뉴를 클릭하면 SDK와 툴에서 제공하는 모든 폼 팩터가 보인다.

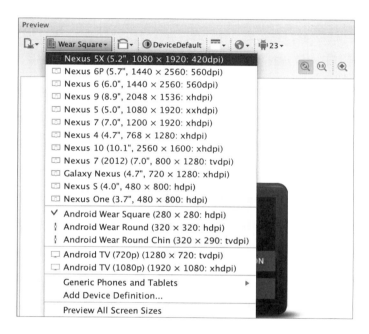

Android Wear Round 레이아웃을 선택하면, 원형의 안드로이드 웨어 워치에서 main_activity.xml 파일이 어떻게 그려질지 확인할 수 있다.

좋은 사용자 경험을 제공하기 위해선 컴포넌트가 잘 배치되고 사용자가 문제없이 UI 요소에 접근할 수 있어야 한다. 이를 위해선 다양한 폼 팩터와 레이아웃에서 앱을 테스트해야 한다.

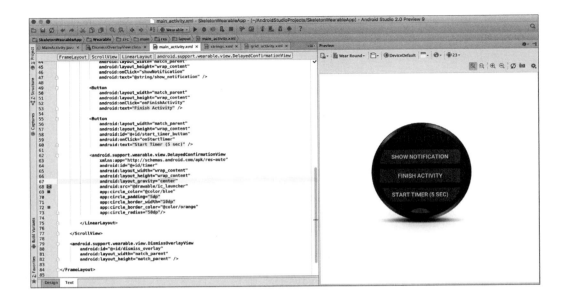

이 책을 진행하면서, 안드로이드 서포트 라이브러리를 활용해 정사각형과 원형의 안드로이드 웨어 디바이스를 모두 지원하는 기술을 알아볼 것이다.

지금까지는 기본적인 안드로이드 웨어 API 객체와 컴포넌트를 이용해 골격 웨어 앱이 어떻게 개발됐는지를 알아봤다. GridExampleActivity 등 이 책에서 다루지 않은 부분도 분석해서, 이 프로젝트의 여러 부분들이 어떻게 연결되는지 공부해보기 바란다.

프로젝트의 코드 중 이해가 되지 않는 부분이 많다고 해서 미리 걱정할 필요는 없다. 이 책에서 다루는 안드로이드 웨어 애플리케이션 개발의 여러 측면들을 살펴보고 나면, 코드는 자연스럽게 이해될 것이다.

▌ 안드로이드 웨어 앱 빌드

지금까지 구글의 깃허브 저장소로부터 내려받은 예제 골격 웨어 앱을 살펴보면서, 골격 앱의 코드와 컴포넌트가 어떤 형태로 구성됐는지 알아봤다.

이제부턴 안드로이드 스튜디오를 이용해 안드로이드 웨어 앱을 처음부터 만들어보자.

다음 스크린샷과 같이, 안드로이드 스튜디오 시작 화면에서 Start a new Android Studio project 항목을 클릭한다.

시스템 설정에 맞게 애플리케이션 이름, 도메인, 패키지 이름을 입력해 프로젝트를 구성한다.

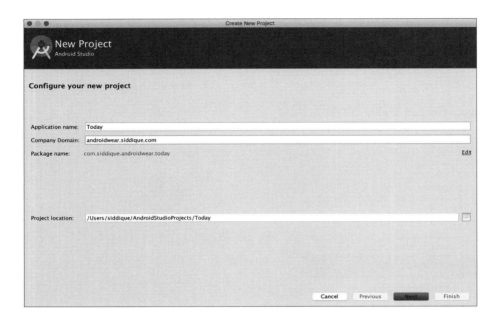

Target Android Devices 화면에선 Phone and Tablet 항목은 선택하지 말고, Wear 항목은 선택한다. 안드로이드 스튜디오는 시스템에 설정된 SDK와 시스템 이미지를 기준으로 앱을 만들 때 필요한 안정적인 SDK를 자동으로 선택한다.

이 앱을 위해 안드로이드 스튜디오가 자동으로 선택한 기본 설정을 이용하기로 한다.

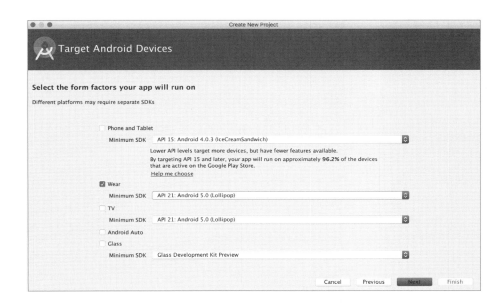

Next 버튼을 클릭한 후, Blank Wear Activity를 선택한다. 아마 안드로이드 스튜디오의
기본 선택 값은 Always On Wear Activity일 것이다.

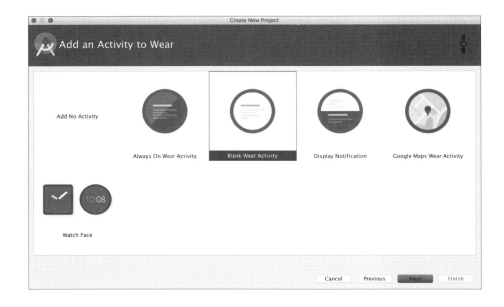

다음 화면에선 아무 값도 변경하지 말고 그대로 둔다.

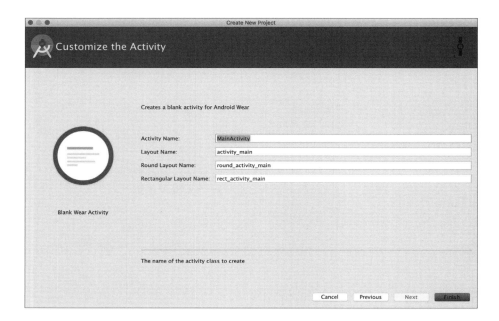

Finish 버튼을 클릭하면 안드로이드 스튜디오는 프로젝트를 컴파일하고 빌드를 시작한다. 이때 시간이 조금 걸릴 수 있다.

빌드가 완료되면 MainActivity와 3개의 xml 파일(activity_main.xml, rect_activity_main.xml, round_activity_main.xml)을 확인할 수 있다.

이 과정에서 안드로이드 스튜디오는 앱을 실행하기 위한 기본 실행 설정을 만들어준다.

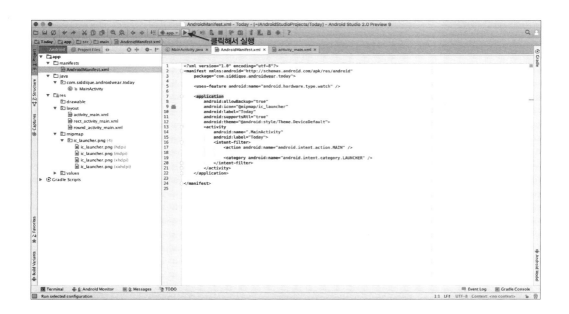

Run 버튼을 클릭하면 모든 안드로이드 디바이스 에뮬레이터가 목록에 표시된다.

에뮬레이터를 선택하면 디바이스가 부팅되고 안드로이드 스튜디오는 에뮬레이터에 앱을 배포한다. 디바이스가 구동을 시작해서 우리가 빌드한 앱을 실행하는 데까진 꽤 시간이 걸릴 수 있으니 인내심을 가지고 기다리자. 이 과정에서 에뮬레이터를 조작하면 앱을 실행하는 데 문제가 발생할 수 있으므로 가급적 에뮬레이터는 그대로 두자.

 에뮬레이터를 이용해 안드로이드 애플리케이션을 개발하는 방식이 보기엔 간단해 보여도, 에뮬레이터를 부팅하고 애플리케이션를 로딩하기까지 시간이 너무 오래 걸린다. 물리적인 디바이스를 이용해 개발을 한다면 이러한 시간을 단축할 수 있다. 이 책의 특정 부분에선 실제 물리적인 안드로이드 폰과 웨어러블 디바이스를 이용해야 한다. 물리적인 디바이스를 이용한 개발 설정과 구성은 해당 시점에 설명한다.

앱이 성공적으로 실행되면 다음 스크린샷과 같은 화면이 표시된다.

이 프로젝트의 내용을 살짝 수정해보자. MainActivity 파일의 onCreate 메소드 내용을 다음 코드로 바꿔보자.

```java
protected void onCreate(Bundle savedInstanceState) {
    super.onCreate(savedInstanceState);
    setContentView(R.layout.activity_main);
    final WatchViewStub stub =
        (WatchViewStub) findViewById(R.id.watch_view_stub);
    stub.setOnLayoutInflatedListener(new
        WatchViewStub.OnLayoutInflatedListener() {
        @Override
        public void onLayoutInflated(WatchViewStub stub) {
            mTextView = (TextView) stub.findViewById(R.id.text);

            Date today = new Date();
            SimpleDateFormat dateFormat =
                new SimpleDateFormat("EEEE, MMMM d - yyyy");
            mTextView.setText("Today is " + dateFormat.format(today));
        }
    });
}
```

이 코드는 mTextView 컴포넌트에 오늘 날짜를 표시하는 코드로서, 동적 텍스트를 표시하는 방법을 보여준다.

rect_activity_main.xml 파일은 다음의 내용으로 바꿔본다. 이 코드는 레이아웃의 배경색, 텍스트 뷰의 글자색과 패딩 값을 변경한다.

```xml
<?xml version="1.0" encoding="utf-8"?>

<LinearLayout xmlns:android="http://schemas.android.com/apk/res/android"
    xmlns:tools="http://schemas.android.com/tools"
    android:layout_width="match_parent"
    android:layout_height="match_parent"
    android:orientation="vertical"
    tools:context="com.siddique.androidwear.today.MainActivity"
    tools:deviceIds="wear_square"
    android:background="@color/orange"
    >

    <TextView
        android:id="@+id/text"
        android:layout_width="wrap_content"
        android:layout_height="wrap_content"
        android:text="@string/hello_square"
        android:textSize="25sp"
        android:textAlignment="center"
        android:textColor="@color/black"
        android:paddingTop="25dp"
        />
</LinearLayout>
```

앱을 다시 실행하면 다음 스크린샷과 같은 화면이 표시된다.

 앞의 단계를 진행하다 막혀도 걱정할 필요는 없다. 전체 프로젝트 코드는 깃허브 저장소에서 내려받을 수 있다(https://github.com/siddii/mastering-android-wear/tree/master/Chapter_3).[1] 내려받은 코드를 여러분의 프로젝트와 비교해보자.

▌ 요약

3장에선 골격 웨어러블 앱의 예제 코드를 통해 안드로이드 웨어 프로젝트의 다양한 컴포넌트를 살펴봤다. 이어서 안드로이드 스튜디오의 레이아웃 편집기를 살펴보고, 미리보기 기능을 이용해 레이아웃 파일의 변경사항을 실시간으로 확인하는 방법을 알아봤다.

마지막으로, 안드로이드 스튜디오를 이용해 Today라는 안드로이드 웨어 앱을 처음부터 개발해봤다. 이어지는 장에서는 Today 앱을 계속 확장해나갈 것이다.

---

1 한국어로 번역한 리포지터리의 주소는 https://github.com/master-android-wear-kor/mastering-android-wear/tree/master/Chapter_3이다. – 옮긴이

04

워치 UI 개발

"탁월함을 위해선 디테일에 끊임없이 집중해야 한다."

– 조르조 아르마니 Giorgio Armani

4장에선 안드로이드 웨어 SDK에서 제공하는 UI 컴포넌트를 사용해 3장에서 개발한 Today 앱에 기능을 추가해본다. 또한 워치의 폼 팩터에 맞는 커스텀 레이아웃을 사용해 커스텀 UI 컴포넌트를 만드는 방법을 알아본다.

이 책에선 Today 앱을 점진적으로 개발해나갈 것이다. 단계별로 안드로이드 웨어 SDK와 API의 기능과 개념을 알아보고, 이러한 기능을 Today 앱에 적용해 기능을 추가해본다.

Today 앱은 4장에서 완성되는 것이 아니라, 이후의 장들에서 더 많은 API 개념을 적용하면서 확장해나갈 것이다.

4장의 코드는 깃허브에 공개되어 있다(https://github.com/siddii/mastering-android-wear/tree/master/Chapter_4).[1] 본문엔 코드의 중요한 부분만 수록했으니, 전체 코드는 깃허브에서 확인해보기 바란다.

▌ 웨어러블 UI

안드로이드 웨어 워치는 단순히 폰이나 태블릿보다 크기만 더 작은 기기를 의미하진 않는다. 안드로이드 웨어 워치는 큰 화면을 가진 디바이스들과는 구별되는 특성이 있다.

무엇보다 안드로이드 웨어 워치엔 적어도 현재까진 키보드 입력이 제공되지 않는다.[2] 따라서 안드로이드 웨어 앱을 디자인할 때는 이러한 특징을 고려해야 한다. 물리 키보드나 가상 키보드가 없기 때문에 안드로이드 웨어 앱에서는 앱과 사용자 간의 상호작용이 제약된다.

또한 안드로이드 웨어 워치는 다른 모든 안드로이드 디바이스에서 사용할 수 있는 유비쿼터스 백 버튼이 없다. 안드로이드 플랫폼에선 백 버튼을 이용해 손쉽게 앱 내부를 탐색하거나 앱 간 전환을 할 수 있다. 백 버튼이 없다면 이러한 작업이 훨씬 어려울 것이다. 안드로이드 웨어 워치에서는 스와이프^{swipe} 가 안드로이드 플랫폼의 백 버튼과 동일한 역할을 한다.

안드로이드 웨어 워치 플랫폼의 컴포넌트와 내비게이션에 익숙하지 않다면, 안드로이드 웨어 앱의 UI 컴포넌트와 앱 내부를 내비게이션하는 코드를 작성하기에 앞서 물리적인 디바이스나 에뮬레이터를 사용해 동작 방식을 이해해보기 바란다. 다양한 주

---

1 한국어 깃허브 저장소 주소는 https://github.com/master-android-wear-kor/mastering-android-wear/tree/master/Chapter_4이다. – 옮긴이

2 안드로이드 웨어 2.0은 키보드 입력을 제공한다. – 옮긴이

식 앱을 실행해보고 스와이프와 내비게이션이 어떻게 동작하는지 확인해보자.

비록 안드로이드 웨어 디바이스는 폰이나 태블릿과는 다르게 동작하지만, 동일한 안드로이드 플랫폼(운영체제)에서 실행된다. 물론 안드로이드 웨어 플랫폼에서 안드로이드 플랫폼의 모든 UI 컴포넌트와 위젯을 사용할 수는 없다. 제공되지 않는 컴포넌트도 있고, 폰이나 태블릿보다 축약된 형태를 제공하는 컴포넌트도 있다.

▌안드로이드 매니페스트 파일

Today 앱은 메인 액티비티인 TodayActivity와 오늘 날짜와 관련된 정보를 표시하는 DayOfYearActivity라는 2개의 액티비티를 갖는다.

use-feature 태그는 안드로이드 웨어 워치 앱이라고 선언하기 위해 사용했다.

```xml
<?xml version="1.0" encoding="utf-8"?>

<manifest xmlns:android="http://schemas.android.com/apk/res/android"
    package="com.siddique.androidwear.today">

    <uses-feature android:name="android.hardware.type.watch" />

    <application
        android:allowBackup="true"
        android:icon="@mipmap/ic_launcher"
        android:label="@string/app_name"
        android:supportsRtl="true"
        android:theme="@android:style/Theme.DeviceDefault">

        <activity
            android:name=".TodayActivity"
            android:label="@string/app_name">
            <intent-filter>
                <action android:name="android.intent.action.MAIN" />
```

```
            <category android:name="android.intent.category.LAUNCHER" />
        </intent-filter>
    </activity>

    <activity
        android:name=".DayOfYearActivity"
        android:label="@string/day_of_year_card_title">
    </activity>
    </application>
</manifest>
```

TodayActivity 액티비티

메인 액티비티인 TodayActivity의 내용을 확인해보자. onCreate 메소드에선 콘텐츠 뷰로 activity_main.xml 레이아웃를 설정했다. 레이아웃엔 action_list id를 가진 WearableListView가 있는데, 이 뷰는 ListViewAdapter 클래스에 연결되어 있다.

WearableListView 클래스의 클릭 리스너는 TodayActivity 액티비티가 구현한다. 이를 위해 TodayActivity 액티비티는 onCreate 메소드 아래에 onClick 핸들러 메소드를 구현했다.

onClick 리스너 메소드는 리스트 뷰의 첫 번째 항목만 처리한다. 리스트 뷰를 클릭하면 인텐트가 전달되어 DayOfYearActivity가 시작된다.

```
public class TodayActivity extends Activity implements
    WearableListView.ClickListener {
    private static final String TAG = TodayActivity.class.getName();

    @Override
    protected void onCreate(Bundle savedInstanceState) {
        super.onCreate(savedInstanceState);
```

```java
    setContentView(R.layout.activity_main);

    WearableListView listView =
        (WearableListView) findViewById(R.id.action_list);
    listView.setAdapter(new ListViewAdapter(this));
    listView.setClickListener(this);
}

@Override
public void onClick(WearableListView.ViewHolder viewHolder) {
    Log.i(TAG, "Clicked list item" + viewHolder.getAdapterPosition());
    if (viewHolder.getAdapterPosition() == 0) {
        Intent intent = new Intent(this, DayOfYearActivity.class);
        startActivity(intent);
    }
}

@Override
public void onTopEmptyRegionClick() {
    ...
}

private static final class ListViewAdapter extends
    WearableListView.Adapter {
    private final Context mContext;
    private final LayoutInflater mInflater;
    private String[] actions = null;

    private ListViewAdapter(Context context) {
        mContext = context;
        mInflater = LayoutInflater.from(context);
        actions = mContext.getResources().getStringArray(R.array.actions);
    }

    @Override
    public WearableListView.ViewHolder onCreateViewHolder(ViewGroup parent,
        int viewType) {
```

```java
        return new WearableListView.ViewHolder(
                mInflater.inflate(R.layout.list_item, null));
    }

    @Override
    public void onBindViewHolder(WearableListView.ViewHolder holder,
            int position) {
        TextView view = (TextView) holder.itemView.findViewById(R.id.name);
        view.setText(actions[position]);
        holder.itemView.setTag(position);
    }

    @Override
    public int getItemCount() {
        return actions.length;
    }
}
}
```

arrays.xml 파일 내부의 액션

리스트 뷰에서 표시되는 액션들은 arrays.xml 파일에 선언되어 있다. 기능을 추가하거나 개선하려면 이 파일에 액션을 추가하면 된다.

```xml
<?xml version="1.0" encoding="utf-8"?>
<resources>
    <string-array name="actions">
        <item>Day of Year</item>
        <item>On this day…</item>
    </string-array>
</resources>
```

▌메인 액티비티 레이아웃 파일

메인 액티비티의 레이아웃 파일인 activity_main.xml의 내용은 매우 간단하다. 이 파일은 WearableListView 컴포넌트만을 갖는다. 이전에 언급했듯이 WearableListView는 화면이 작은 디바이스에 적합하도록 ListView를 최적화한 컴포넌트다. 이 컴포넌트는 스크롤과 스크롤 과정에서 일어나는 전환 효과를 처리한다.

```xml
<?xml version="1.0" encoding="utf-8"?>
<android.support.wearable.view.WearableListView
    xmlns:android="http://schemas.android.com/apk/res/android"
    android:id="@+id/action_list"
    android:layout_width="match_parent"
    android:layout_height="match_parent"
    android:scrollbars="none"
    android:dividerHeight="0dp"/>
```

안드로이드 웨어 에뮬레이터를 사용해 앱을 실행하면, 다음 스크린샷에서 볼 수 있듯이, 앱이 커스텀 실행 아이콘으로 목록에 표시된다. 디바이스 해상도별 아이콘은 app/src/main/res/mipmap-* 폴더에 존재한다.

❚ WearableListItemLayout 컴포넌트

WearableListView 컴포넌트는 앱이 제공하는 액션 목록을 표시한다. 반면 WearableListItemLayout 컴포넌트는 리스트의 각 항목 스타일이나 각 항목의 레이아웃 컴포넌트 배치를 지정하는 용도로 사용된다.

예제에선 ImageView와 TextView를 사용했다. android:src="@drawable/wl_circle"을 살펴보자. 이 내용은 res/drawable/wl_circle.xml이라는 드로어블 파일^{drawable} ^{file}을 사용한다는 뜻이다.

TextView는 arrays.xml 파일에 정의된 액션을 출력하기 위해 사용된다.

```xml
<com.siddique.androidwear.today.WearableListItemLayout
    xmlns:android="http://schemas.android.com/apk/res/android"
    android:gravity="center_vertical"
    android:layout_width="match_parent"
    android:layout_height="80dp">

    <ImageView
        android:id="@+id/circle"
        android:layout_height="25dp"
        android:layout_margin="16dp"
        android:layout_width="25dp"
        android:src="@drawable/wl_circle"/>

    <TextView
        android:id="@+id/name"
        android:gravity="center_vertical|left"
        android:layout_width="wrap_content"
        android:layout_marginRight="16dp"
        android:layout_height="match_parent"
        android:fontFamily="sans-serif-condensed-light"
        android:lineSpacingExtra="-4sp"
        android:textColor="@color/text_color"
        android:textSize="16sp"/>

</com.siddique.androidwear.today.WearableListItemLayout>
```

WearableListItemLayout은 LinearLayout을 확장한 클래스로, WearableListView. OnCenterProximityListener의 핸들러 메소드를 구현했다. 리스트를 스크롤해서 가운데에 항목이 위치하면 컴포넌트의 색과 투명도가 어떻게 바뀔지 생각해보자.

```java
package com.siddique.androidwear.today;

import android.content.Context;
import android.graphics.drawable.GradientDrawable;
import android.support.wearable.view.WearableListView;
import android.util.AttributeSet;
import android.widget.ImageView;
import android.widget.LinearLayout;
import android.widget.TextView;

public class WearableListItemLayout extends LinearLayout
    implements WearableListView.OnCenterProximityListener {

    private final float mFadedTextAlpha;
    private final int mFadedCircleColor;
    private final int mChosenCircleColor;
    private ImageView mCircle;
    private TextView mName;

    public WearableListItemLayout(Context context) {
        this(context, null);
    }

    public WearableListItemLayout(Context context, AttributeSet attrs) {
        this(context, attrs, 0);
    }

    public WearableListItemLayout(Context context, AttributeSet attrs,
        int defStyle) {
        super(context, attrs, defStyle);
        mFadedTextAlpha =
            getResources().getInteger(R.integer.action_text_faded_alpha) / 10f;
        mFadedCircleColor = getResources().getColor(R.color.wl_gray);
        mChosenCircleColor = getResources().getColor(R.color.wl_orange);
    }
```

```java
@Override
protected void onFinishInflate() {
    super.onFinishInflate();
    mCircle = (ImageView) findViewById(R.id.circle);
    mName = (TextView) findViewById(R.id.name);
}

@Override
public void onCenterPosition(boolean animate) {
    mName.setAlpha(1f);
    ((GradientDrawable) mCircle.getDrawable()).setColor(mChosenCircleColor);
}

@Override
public void onNonCenterPosition(boolean animate) {
    ((GradientDrawable) mCircle.getDrawable()).setColor(mFadedCircleColor);
    mName.setAlpha(mFadedTextAlpha);
}
}
```

다음은 액션 목록의 스크린샷이다.

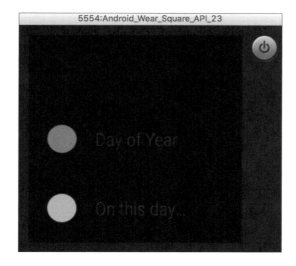

▎ DayOfYearActivity 클래스

DayOfYearActivity는 java.util.Calendar 클래스를 사용해 올해의 지난 일수와 남은
일수를 표시하는 간단한 클래스다.

```java
package com.siddique.androidwear.today;

import android.app.Activity;
import android.os.Bundle;
import android.widget.TextView;

import java.util.Calendar;

public class DayOfYearActivity extends Activity {

    @Override
    protected void onCreate(Bundle savedInstanceState) {
        super.onCreate(savedInstanceState);
        setContentView(R.layout.activity_day_of_year);
        Calendar calendar = Calendar.getInstance();
        String dayOfYearDesc = getString(R.string.day_of_year_card_desc,
            calendar.get(Calendar.DAY_OF_YEAR),
            calendar.getActualMaximum(Calendar.DAY_OF_YEAR) -
            calendar.get(Calendar.DAY_OF_YEAR));
        TextView desc = (TextView) findViewById(R.id.day_of_year_desc);
        desc.setText(dayOfYearDesc);
    }
}
```

activity_day_of_year.xml 파일

BoxInsetLayout은 화면의 모양을 인식해서 중앙의 사각형에 자식 뷰를 배치하는 컴
포넌트다. 따라서 이 컴포넌트를 사용하면 사각형이나 원형의 화면에서 모두 문제없
이 동작한다.

```xml
<android.support.wearable.view.BoxInsetLayout
    xmlns:android="http://schemas.android.com/apk/res/android"
    xmlns:app="http://schemas.android.com/apk/res-auto"
    android:layout_height="match_parent"
    android:layout_width="match_parent"
    android:background="@drawable/sunrise">

    <android.support.wearable.view.CardScrollView
        android:id="@+id/card_scroll_view"
        android:layout_height="match_parent"
        android:layout_width="match_parent"
        app:layout_box="bottom">

        <android.support.wearable.view.CardFrame
            android:layout_height="wrap_content"
            android:layout_width="fill_parent">

            <LinearLayout
                android:layout_height="wrap_content"
                android:layout_width="match_parent"
                android:orientation="vertical"
                android:paddingLeft="5dp">

                <TextView
                    android:fontFamily="sans-serif-light"
                    android:layout_height="wrap_content"
                    android:layout_width="match_parent"
                    android:text="@string/day_of_year_card_title"
                    android:textColor="@color/black"
                    android:textSize="18sp"/>

                <TextView
                    android:id="@+id/day_of_year_desc"
                    android:fontFamily="sans-serif-light"
                    android:layout_height="wrap_content"
                    android:layout_width="match_parent"
                    android:text="@string/day_of_year_card_desc"
                    android:textColor="@color/black"
```

```
                    android:textSize="12sp"/>
                </LinearLayout>
            </android.support.wearable.view.CardFrame>
        </android.support.wearable.view.CardScrollView>
    </android.support.wearable.view.BoxInsetLayout>
```

안드로이드 스튜디오에서 activity_day_of_year.xml 파일을 미리보기 하면 다음과
같다.

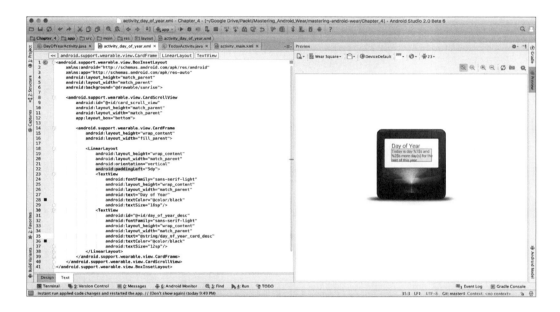

 레이아웃 컴포넌트를 만들 때는 미리보기를 이용해 원형이나 사각형 화면에서 어떻게
보일지 확인해보기 바란다.

DayOfYear 액티비티가 원형 화면에선 어떻게 보일지 다음 스크린샷을 통해 확인해보
자. BoxInsetLayout 레이아웃 컴포넌트를 사용했기 때문에 사각형과 원형 화면에서
모두 레이아웃이 문제없이 보인다.

다음은 DayOfYearActivity 액티비티의 실제 구동 모습이다. 오른쪽으로 스와이프하면 이전 화면으로 돌아갈 수 있는데, 이 경우엔 메인 액티비티에 해당한다.

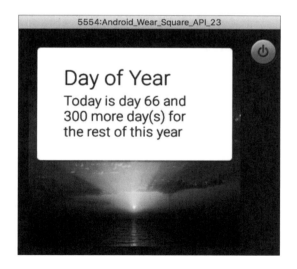

▍요약

4장에선 웨어러블 디바이스에 특화된 리스트 뷰와 레이아웃을 어떻게 활용할 수 있는지 배웠다. Today 앱에 액션의 목록을 표시하는 기능을 구현하고, 각 액션 항목에 대한 동작을 구현했다. 또한 메인 액티비티에서 DayOfYearActivity를 시작하는 기능을 구현했고, BoxInsetLayout 레이아웃을 이용해 컴포넌트를 표시하는 기능도 구현했다.

4장의 예제에선 필요에 따라 안드로이드 웨어 UI 컴포넌트를 커스터마이징하는 방법을 알아봤다. 지면 관계상 예제 앱의 모든 파일을 다루진 못했다. 시간을 투자해서 4장의 예제 코드를 분석해보면 앱의 각 요소들이 어떻게 결합되어 있는지 이해할 수 있을 것이다.

4장을 통해 UI와 레이아웃 컴포넌트의 간단한 활용 방법을 알아봤으니, 좀 더 심화된 내용도 공부해보길 바란다.

05

데이터 동기화

"우리에겐 매달려 붙잡을 다른 영혼이 얼마나 필요한지…"

– 실비아 플래스^{Sylvia Plath}

4장에선 웨어러블 앱을 만드는 방법을 알아봤다. 5장에선 동반 핸드헬드 앱이 무엇이며, 왜 필요한지에 대해 살펴본다. 그리고 웨어러블 앱을 개발하기 위해 핸드헬드 디바이스와 안드로이드 웨어 에뮬레이터를 페어링하는 방법을 단계별로 알아본다.

마지막으로, 4장에서 개발한 Today 앱에 동반 앱으로 공개 피드 페이지에서 콘텐츠를 가져와 오늘의 역사를 보여주는 기능을 추가해본다.

5장의 코드는 깃허브에 공개되어 있다(https://github.com/siddii/mastering-android-wear/tree/master/Chapter_5).[1] 전체 코드는 깃허브에서 확인해보기 바란다.

동반 앱의 정의

웨어러블 앱은 웨어러블 디바이스에서 실행되며, 웨어러블 디바이스의 하드웨어, 액티비티, 서비스에 접근할 수 있다. 웨어러블 디바이스의 제한된 처리 능력과 작은 용량의 메모리를 고려하면, 웨어러블 디바이스에서 수행할 수 있는 작업의 범위는 제한적일 수밖에 없다. 또한 안드로이드 웨어 1.x에선 웨어러블 디바이스용 구글 플레이 스토어 앱이 제공되지 않고, 구글 플레이 스토어에서 웨어러블 앱을 직접 설치할 수도 없다.

이러한 문제는 동반 핸드헬드 앱^{companion handheld app}을 이용해 웨어러블 디바이스에 풍부한 사용자 경험을 제공하는 방법으로 해결할 수 있다. 웨어러블 앱은 동반 핸드헬드 앱 내에 패키징되어 제공된다는 사실을 기억해두기 바란다. 동반 핸드헬드 앱은 다음 그림과 같은 방식으로 구글 플레이 스토어에 게시된다.

---

1 한국어 깃허브 저장소 주소는 https://github.com/master-android-wear-kor/mastering-android-wear/tree/master/Chapter_5이다. – 옮긴이

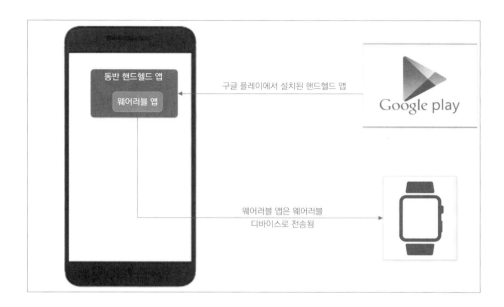

사용자들이 핸드헬드 디바이스에 동반 앱을 내려받으면, 다음 그림과 같이 동반 앱에
포함되어 있던 웨어러블 앱은 연결된 모든 웨어러블 디바이스에 자동으로 푸시된다.

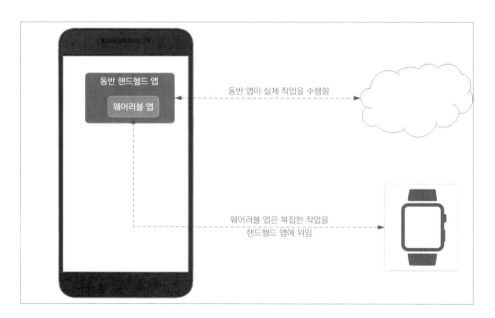

핸드헬드 디바이스에서 실행되는 동반 앱은 네트워크 작업, 복잡한 계산, 리소스 집약적인 작업 같은 복잡한 작업을 수행하는 데 더 적합하다. 작업이 끝나면 동반 앱은 웨어러블에 작업 결과를 전송한다.

웨어러블 앱 모듈과 동반 앱 모듈이 모두 포함된 프로젝트를 만들어보기 전에, 먼저 핸드헬드 디바이스와 웨어러블 디바이스가 연동된 개발 환경을 구성해보자.

 안드로이드 웨어 2.0에선 웨어 앱이 패키징되는 방식과 구글 플레이 스토어로부터 설치되는 방식이 모두 바뀔 예정이다. 웨어 1.x에서 제공되던 웨어 앱의 자동 설치는 더 이상 지원하지 않을 것이다. 대신 웨어 2.0 앱은 완전한 네트워크 접속 기능을 가지며, 핸드헬드 앱과 완전히 독립적으로 설치될 수 있다. 구글은 독립 실행형 웨어러블 앱의 형태로 패키징하는 방식을 더 선호하지만, 반드시 독립 실행형 앱의 형태로 패키징해야 하는지 여부는 아직은 명확하지 않다.[2]

▎ 안드로이드 웨어 가상 디바이스 설정

이번 절의 내용은 안드로이드 개발자 사이트(https://developer.android.com/training/wearables/apps/creating.html)의 Creating and Running a Wearable App에도 나와 있다. 여기선 이 내용을 좀 더 자세히 설명한다.

안드로이드 웨어 가상 디바이스를 설정하려면 안드로이드 스튜디오의 Tools ➤ Android ➤ AVD Manager를 선택하고 다음 과정을 수행한다.

1. Create virtual device... 항목을 선택한다.
2. 카테고리 항목에서 Wear를 선택한다.

   ① Android Wear Square 또는 Android Wear Round를 선택한다.

   ② Next 버튼을 클릭한다.

---

2   안드로이드 웨어 2.0이 정식 버전에서도 기존 패키징 방식을 그대로 사용할 수 있다. - 옮긴이

③ KitKat Wear 등 OS 버전을 선택한다.

④ Next를 클릭한다.

⑤ 필요할 경우, 가상 디바이스의 설정을 변경한다.

⑥ Finish를 클릭한다.

3. 에뮬레이터를 시작한다.

① 이전에 생성한 가상 디바이스를 선택한다.

② 녹색의 실행 버튼을 클릭한다.

③ 에뮬레이터가 초기화되어 안드로이드 웨어 홈 화면이 표시될 때까지 기다
린다.

4. 안드로이드 핸드헬드 디바이스와 웨어러블 에뮬레이터를 페어링한다.

① 구글이 만든 안드로이드 웨어 앱을 구글 플레이에서 내려받아 핸드헬드
디바이스에 설치한다.

② USB를 이용해 핸드헬드 디바이스와 컴퓨터를 연결한다.

③ AVD의 통신 포트를 핸드헬드 디바이스로 포워딩한다. 이 작업은 디바이
스를 연결할 때마다 수행해야 한다. 다음 명령어를 실행했을 때 아무 에
러도 발생하지 않았다면, 정상적으로 연결된 것이다.

④ 다음 그림과 같이 핸드헬드 디바이스에서 안드로이드 웨어 앱을 시작하고 Connect Emulator를 선택해 에뮬레이터에 연결한다.

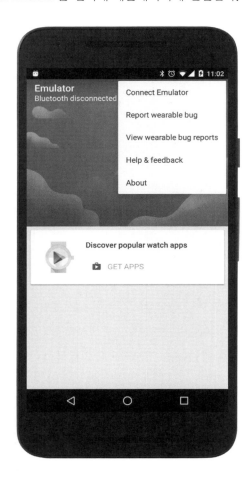

연결에 성공하면 다음과 같은 화면이 표시된다.

⑤ 설정 메뉴를 실행하고 Try out watch notifications를 선택한다.

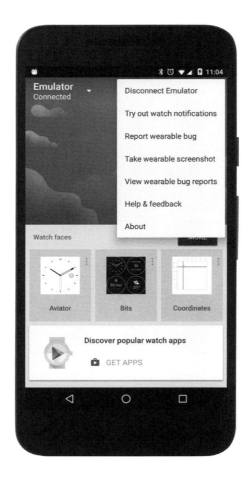

5. 항목에서 Reminder (by time) 항목을 선택한다.

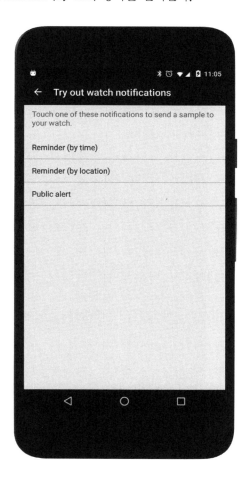

웨어러블 에뮬레이터에는 다음 화면이 표시된다.

█ Today 앱 돌아보기

이제 핸드헬드 앱과 웨어러블 디바이스를 연결했으니 4장에서 개발한 Today 앱을 다시 살펴보자.

Today 앱을 통해 웨어러블 앱을 만드는 방법은 알아봤다. 하지만 이 앱은 아직은 그 어떤 쓸모 있는 기능도 제공하지 않는다. 웨어러블 디바이스의 기능을 더 활용해보려면, 이 앱에 이런저런 기능을 더 추가해봐야 한다. 그래서 5장의 나머지 부분에서는 Today 앱을 개선해볼 것이다.

앱의 새로운 기능을 알아보기에 앞서, 안드로이드 스튜디오에서 동반 앱과 웨어러블 앱을 모두 포함한 새로운 프로젝트를 생성하자. 이제부터 우리는 이 프로젝트로 앱을 개발할 것이다.

신규 프로젝트의 앱의 이름은 다시 Today로 설정한다. 물론 마음에 드는 이름이 있다면, 그 이름을 사용해도 무방하다.

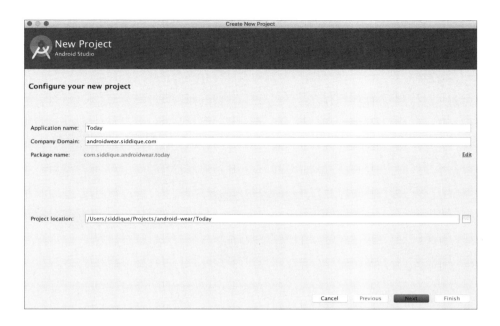

다음 스크린샷과 같이 폼 팩터에선 Phone and Tablet과 Wear를 모두 선택한다.

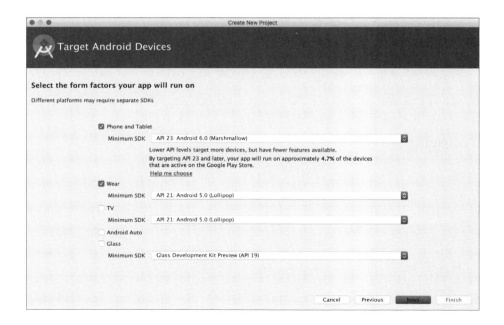

Mobile 모듈에선 Empty Activity를 선택해 빈 액티비티를 추가한다.

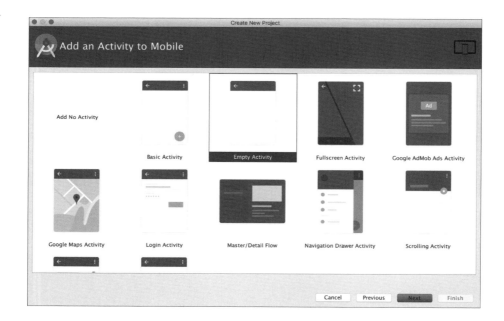

다음 스크린샷과 같이 액티비티에 적절한 이름을 설정한다.

Wear 모듈에선 Add No Activity 항목을 선택하고 Finish를 클릭한다.

다음 스크린샷에서 볼 수 있듯이, 안드로이드 스튜디오는 Wear와 Mobile 모듈을 생성
한다.

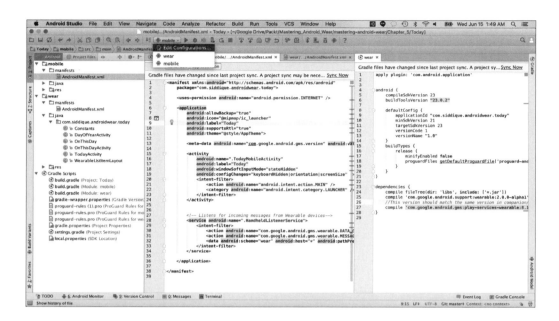

위 스크린샷은 프로젝트의 현재 상태를 보여준다. 안드로이드 스튜디오는 모바일과
웨어라는 2개의 모듈을 생성했다. 또한 각 모듈에 필요한 그레이들 스크립트를 생성
하고, 각 모듈의 의존 관계도 그레이들 스크립트에 추가했다. 두 모듈의 실행 설정도
만들어졌다.

4장에서 만든 Today 프로젝트의 코드(액티비티, 리소스, 아이콘 등)를 새로 만든 프로젝
트의 웨어 모듈로 복사한다. 이제 새롭게 추가된 요구사항이 무엇인지 확인해보자.

Today 앱의 새로운 기능

우리는 날짜가 얼마나 중요한지 알고 있다. 친구나 지인이 유명 인사나 악명 높은 사람과 생일이 같다는 사실을 알면 재미를 느끼곤 하지 않는가? 'On This Day'라는 공개 피드 페이지(https://en.wikipedia.org/wiki/Special:FeedItem/onthisday/20160615000000/en)에서 콘텐츠를 가져와서 오늘의 역사를 보여주는 기능을 Today 앱에 구현해보자.

이 기능은 웨어러블 API 스택을 이용해 구현해본다. 웨어러블 API 스택을 사용하면 코드 복잡도가 크게 증가하지 않으면서도 웨어러블 디바이스와 동반 앱 간의 상호작용을 구현할 수 있다.

신규 애플리케이션 코드를 살펴보기 전에 애플리케이션에 필수적인 개념, 도구, API 객체를 먼저 알아보자. 이 과정에서 예제 코드의 핵심을 이해하는 데 필요한 정보를 얻을 수 있다. 나중에라도 필요하다면 5장의 내용을 다시 참고하기 바란다.

웨어러블 데이터 계층 API

구글 플레이 서비스는 웨어러블 데이터 계층 API(https://developer.android.com/training/wearables/data-layer/index.html)를 제공한다. 이 API를 이용하면 핸드헬드 디바이스와 웨어러블 앱이 서로 통신할 수 있다.

안드로이드 개발자 사이트에 있는 데이터 계층 API를 먼저 공부해보자. 그중에서도 API가 제공하는 데이터 객체를 주의 깊게 살펴보기 바란다.

MessageApi

이 인터페이스는 웨어러블과 핸드헬드 디바이스가 서로 메시지를 보낼 수 있는 방법을 제공한다. 연결된 네트워크 노드(즉 페어링된 디바이스)로 전송된 메시지는 전달되기 위해 대기열에 쌓인다. 애플리케이션이 만든 메시지는 해당 애플리케이션 전용이므로, 다른 노드에서 실행 중인 동일한 애플리케이션에서만 이 메시지에 접근할 수 있다.

WearableListenerService

백그라운드에서 실행되는 동안에 이벤트를 통지받고자 하는 애플리케이션은 이 클래스를 확장해서 사용해야 한다. 이벤트는 메시지를 수신했을 때, 데이터가 변경될 때, 노드가 안드로이드 웨어 네트워크에 연결되거나 해제될 때 만들어진다. 안드로이드 웨어 네트워크는 서로 연결된 웨어러블 디바이스와 핸드헬드 디바이스로 구성된 지속적으로 변화하는 네트워크다.

DataListener

`WearableListenerService` 클래스는 백그라운드에서 실행하는 동안 애플리케이션에 이벤트를 통보하는 반면, `DataListener` 인터페이스는 포그라운드에서 실행되는 동안 `DataListener` 인터페이스를 구현한 애플리케이션에 이벤트를 통보한다.

클라우드 노드

연결된 디바이스들은 디바이스 네트워크를 구성하고, 이때 각 디바이스는 네트워크 상의 노드가 된다. 여기에 더해 구글 서버는 디바이스 네트워크의 각 노드를 클라우드 노드^{cloud node}라는 이름으로 호스팅한다. 클라우드 노드는 직접 연결된 디바이스 간의 데이터 동기화를 목적으로 한다. 다음 그림과 같이 핸드헬드 디바이스 애플리케이션의 상태가 바뀌면 변경사항은 사용자의 모든 웨어러블 디바이스로 푸시된다. 그 반대의 경우도 마찬가지다.

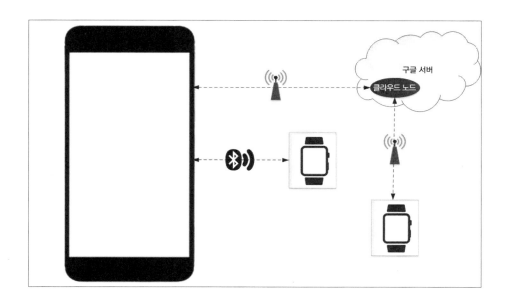

GoogleApiClient 클래스

구글 플레이 서비스 라이브러리가 제공하는 구글 API를 호출하려면 먼저 GoogleApiClient의 인스턴스를 만들어야 한다. 구글 API 클라이언트는 모든 구글 플레이 서비스에 대한 진입점 역할을 하고, 사용자 디바이스와 각 구글 서비스 간의 네트워크 연결을 관리한다.

모바일 디바이스는 이 클래스를 이용해 구글 플레이 서비스 라이브러리의 웨어러블 API를 사용할 수 있고, 이 API를 이용해 연결된 웨어러블에 접속할 수 있다.

Volley 라이브러리

위키백과에서 HTML 콘텐츠를 가져올 때 Volley를 사용한다. 이 HTTP 라이브러리의 내용은 개발자 페이지(https://developer.android.com/training/volley/index.html)에서 확인할 수 있다.

JSoup 라이브러리

JSoup 라이브러리(https://jsoup.org)는 위키백과에서 가져온 HTML 콘텐츠 피드를 파싱하기 위한 라이브러리다.

빌드 스크립트

모바일 앱과 동반 앱 각각의 build.gradle 파일에 선언된 의존 관계를 확인해보자. 모바일 앱의 build.gradle 파일엔 Volley와 JSoup 라이브러리의 의존 관계가 추가적으로 선언되어 있다. 복잡한 작업은 동반 앱에서 수행해야 한다는 사실에 유의하자.

```
dependencies {
    compile fileTree(dir: 'libs', include: ['*.jar'])
    wearApp project(':wear')
    testCompile 'junit:junit:4.12'
    compile 'com.android.support:appcompat-v7:25.2.0'
    compile 'com.google.android.support:wearable:2.0.2'
    provided 'com.google.android.wearable:wearable:2.0.2'

    // 웨어 앱과 버전이 같아야 함
    compile 'com.google.android.gms:play-services-wearable:10.2.6'

    // Volley를 이용해 HTTP 요청을 처리함
    compile 'com.android.volley:volley:1.0.0'

    // JSoup을 이용해 HTML을 파싱함
    compile "org.jsoup:jsoup:1.8.1"
}
```

동반 앱의 안드로이드 매니페스트 파일

동반 앱의 AndroidManifest.xml 파일엔 TodayMobileActivity와 HandheldListenerService가 선언되어 있다.

```xml
<manifest xmlns:android="http://schemas.android.com/apk/res/android"
    package="com.siddique.androidwear.today">

    <uses-permission android:name="android.permission.INTERNET" />

    <application
        android:allowBackup="true"
        android:icon="@mipmap/ic_launcher"
        android:label="@string/app_name"
        android:supportsRtl="true"
        android:theme="@style/AppTheme">

        <meta-data
            android:name="com.google.android.gms.version"
            android:value="@integer/google_play_services_version" />

        <activity
            android:name=".TodayMobileActivity"
            android:label="@string/app_name"
            android:windowSoftInputMode="stateHidden"
            android:configChanges="keyboardHidden|orientation|screenSize"  >

            <intent-filter>
                <action android:name="android.intent.action.MAIN" />
                <category android:name="android.intent.category.LAUNCHER" />
            </intent-filter>
        </activity>

        <!-- 웨어러블 디바이스가 보낸 메시지를 수신한다. -->
        <service android:name=".HandheldListenerService">
            <intent-filter>
                <action android:name=
                    "com.google.android.gms.wearable.DATA_CHANGED" />
                <action android:name=
                    "com.google.android.gms.wearable.MESSAGE_RECEIVED" />
                <data
                    android:scheme="wear"
                    android:host="*"
```

```
                    android:pathPrefix="/today" />
            </intent-filter>
        </service>
    </application>
</manifest>
```

TodayMobileActivity 클래스

TodayMobileActivity 클래스는 모바일 디바이스와 페어링된 웨어러블 디바이스를 연결하는 기능을 제공하는 액티비티다. 모바일 디바이스에서 동반 앱을 실행해보자.

```
public class TodayMobileActivity extends Activity implements
    GoogleApiClient.ConnectionCallbacks,
    GoogleApiClient.OnConnectionFailedListener {

    private GoogleApiClient mGoogleApiClient;

    public static final String TAG = TodayMobileActivity.class.getName();

    private int CONNECTION_TIME_OUT_MS = 15000;
    private TextView devicesConnectedTextView = null;

    @Override
    protected void onCreate(Bundle savedInstanceState) {
        super.onCreate(savedInstanceState);
        setContentView(R.layout.main);

        Log.i(TAG, "Creating Google Api Client");

        mGoogleApiClient = new GoogleApiClient.Builder(this)
            .addApi(Wearable.API)
            .addConnectionCallbacks(this)
            .addOnConnectionFailedListener(this)
            .build();
```

```java
        devicesConnectedTextView =
            (TextView) findViewById(R.id.devicesConnected);
    }

    @Override
    protected void onStart() {
        super.onStart();
        if (!mGoogleApiClient.isConnected()) {
            mGoogleApiClient.connect();
        }
    }

    @Override
    public void onConnected(Bundle connectionHint) {
        Log.i(TAG, "Google Api Client Connected");

        new Thread(new Runnable() {

            @Override
            public void run() {
                mGoogleApiClient.blockingConnect(CONNECTION_TIME_OUT_MS,
                    TimeUnit.MILLISECONDS);
                NodeApi.GetConnectedNodesResult result =
                    Wearable.NodeApi.getConnectedNodes(mGoogleApiClient).await();
                final List<Node> nodes = result.getNodes();
                runOnUiThread(new Runnable() {
                    public void run() {
                        Log.i(TAG, "Connected devices = " + nodes.size());
                        devicesConnectedTextView.setText(String.valueOf(
                            nodes.size()));
                    }
                });
            }
        }).start();
    }
    ...
}
```

성공적으로 웨어러블 디바이스에 연결되면, 다음 그림과 같이 하나 이상의 디바이스가 연결됐다는 메시지가 표시된다.

TodayMobileActivity 클래스를 실행하면 디바이스가 연결됐는지 여부를 확인할 수 있다. 연결된 디바이스의 수가 0보다 크지 않다면, 아마도 모바일 디바이스가 성공적으로 페어링되지 않은 상태일 것이다. 즉 모바일 디바이스가 웨어러블 디바이스나 에뮬레이터에 연결되지 않은 상태일 것이다. TodayMobileActivity 액티비티의 기능은 추후에 더 확장해나갈 것이다.

웨어러블 앱의 안드로이드 매니페스트 파일

웨어러블 앱의 AndroidManifest.xml 파일은 각 메뉴 항목에 해당하는 TodayActivity, DayOfYearActivity, OnThisDayActivity라는 3개의 액티비티를 갖는다.

```xml
<manifest xmlns:android="http://schemas.android.com/apk/res/android"
    package="com.siddique.androidwear.today">

    <uses-feature android:name="android.hardware.type.watch" />

    <application
        android:allowBackup="true"
        android:icon="@mipmap/ic_launcher"
        android:label="@string/app_name"
        android:supportsRtl="true"
        android:theme="@android:style/Theme.DeviceDefault">

        <!-- 구글 플레이 서비스를 이용하기 위해 등록 -->
        <meta-data android:name="com.google.android.gms.version"
            android:value="@integer/google_play_services_version" />

        <activity
            android:name=".TodayActivity"
            android:label="@string/app_name">
            <intent-filter>
                <action android:name="android.intent.action.MAIN" />
                <category android:name="android.intent.category.LAUNCHER" />
            </intent-filter>
        </activity>

        <activity
            android:name=".DayOfYearActivity"
            android:label="@string/day_of_year_card_title" />

        <activity
            android:name=".OnThisDayActivity"
            android:label="@string/on_this_day_title" />
    </application>
</manifest>
```

OnThisDayActivity 클래스

OnThisDayActivity 클래스는 GoogleApiClient API를 사용해 위키백과에서 콘텐츠를 가져와야 한다는 메시지를 모바일 디바이스의 동반 앱에게 보낸다.

이 액티비티에 선언된 onDataChanged 핸들러를 주의 깊게 살펴보자. DataListener.onDataChanged 메소드는 동반 앱이 데이터 패킷을 다시 웨어러블 디바이스로 보낼 때 호출되는 콜백 리스너다.

```
public class OnThisDayActivity extends Activity implements
    DataApi.DataListener, GoogleApiClient.ConnectionCallbacks,
    GoogleApiClient.OnConnectionFailedListener {

    private GoogleApiClient mGoogleApiClient;
    private boolean mResolvingError;

    private static final String TAG = OnThisDayActivity.class.getName();

    private OnThisDay onThisDay = null;

    @Override
    protected void onCreate(Bundle savedInstanceState) {
        super.onCreate(savedInstanceState);
        setContentView(R.layout.activity_on_this_day);

        if (onThisDay == null) {
            Toast.makeText(this, "Fetching from Wikipedia...",
                Toast.LENGTH_LONG).show();
            mGoogleApiClient = new GoogleApiClient.Builder(this)
                .addApi(Wearable.API)
                .addConnectionCallbacks(this)
                .addOnConnectionFailedListener(this)
                .build();
        } else {
            showOnThisDay(onThisDay);
        }
    }
```

```
@Override
protected void onStart() {
    super.onStart();
    if (!mResolvingError && onThisDay == null) {
        Log.i(TAG, "Connecting to Google Api Client");
        mGoogleApiClient.connect();
    } else {
        showOnThisDay(onThisDay);
    }
}

@Override
public void onConnected(Bundle connectionHint) {
    Log.i(TAG, "Connected to Data Api");
    Wearable.DataApi.addListener(mGoogleApiClient, this);
    // 데이터를 가져와야 하는 동반 앱에 메시지를 보낸다.
    sendMessage(Constants.ON_THIS_DAY_REQUEST, "OnThisDay".getBytes());
}

private void sendMessage(final String path, final byte[] data) {
    Log.i(TAG, "Sending message to path " + path);
    Wearable.NodeApi.getConnectedNodes(mGoogleApiClient).setResultCallback(
        new ResultCallback<NodeApi.GetConnectedNodesResult>() {
            @Override
            public void onResult(NodeApi.GetConnectedNodesResult nodes) {
                for (Node node : nodes.getNodes()) {
                    Wearable.MessageApi.sendMessage(mGoogleApiClient,
                        node.getId(), path, data);
                }
            }
        }
    );
}

@Override
public void onConnectionSuspended(int i) {
    Log.i(TAG, "Connection Suspended");
}

@Override
protected void onStop() {
```

```java
        if (null != mGoogleApiClient && mGoogleApiClient.isConnected()) {
            Wearable.DataApi.removeListener(mGoogleApiClient, this);
            mGoogleApiClient.disconnect();
        }
        super.onStop();
    }

    @Override
    public void onDataChanged(DataEventBuffer dataEvents) {
        Log.i(TAG, "###### onDataChanged");
        for (DataEvent event : dataEvents) {
            if (event.getType() == DataEvent.TYPE_CHANGED) {
                DataItem dataItem = event.getDataItem();
                DataMap dataMap =
                    DataMapItem.fromDataItem(dataItem).getDataMap();

                String heading = dataMap.get(Constants.ON_THIS_DAY_DATA_ITEM_HEADER);
                ArrayList<String> listItems =
                    dataMap.get(Constants.ON_THIS_DAY_DATA_ITEM_CONTENT);
                onThisDay = new OnThisDay(heading, listItems);

                showOnThisDay(onThisDay);
            }
        }
    }

    private void showOnThisDay(OnThisDay onThisDay) {
        TextView heading = (TextView) findViewById(R.id.on_this_day_heading);
        heading.setText(Html.fromHtml(onThisDay.getHeadingHtml()));

        TextView content = (TextView) findViewById(R.id.on_this_day_content);
        content.setText(Html.fromHtml(onThisDay.getListItemsHtml()));
    }

    @Override
    public void onConnectionFailed(@NonNull ConnectionResult connectionResult) {
        Log.i(TAG, "Connection Failed " + connectionResult);
        mResolvingError = true;
    }
}
```

HandheldListenerService 클래스

HandheldListenerService 클래스는 웨어러블 디바이스에서 오는 메시지를 수신한다. onMessageReceived 핸들러에선 수신한 메시지가 콘텐츠 요청인지를 확인하고, 맞다면 피드를 읽고 응답을 파싱하는 작업을 수행한다.

```java
public class HandheldListenerService extends WearableListenerService
    implements GoogleApiClient.ConnectionCallbacks,
    GoogleApiClient.OnConnectionFailedListener {
    ...
    @Override
    public void onMessageReceived(MessageEvent messageEvent) {
        super.onMessageReceived(messageEvent);
        Log.i(TAG, "Message received" + messageEvent);

        if (Constants.ON_THIS_DAY_REQUEST.equals(messageEvent.getPath())) {
            // 오늘의 역사를 위키백과에서 가져온다.
            getOnThisDayContentFromWikipedia();
        }
    }

    private void getOnThisDayContentFromWikipedia() {
        // RequestQueue 초기화
        RequestQueue queue = Volley.newRequestQueue(this);
        String url = "https://en.wikipedia.org/wiki/Special:FeedItem/onthisday/"
            + DATE_FORMAT.format(new Date()) + "000000/en";

        // URL로부터 문자열 결과를 받아온다.
        StringRequest stringRequest = new StringRequest(Request.Method.GET, url,
            new Response.Listener<String>() {
                @Override
                public void onResponse(String response) {
                    Log.i(TAG, "Wikipedia response  = " + response);
                    Document doc = Jsoup.parse(response);
                    Element heading = doc.select("h1").first();
                    Log.i(TAG, "Heading node = " + heading);
```

```
if (heading != null) {
    Log.i(TAG, "Wikipedia page heading = " + heading);

    PutDataMapRequest dataMapRequest =
        PutDataMapRequest.create(
        Constants.ON_THIS_DAY_DATA_ITEM_HEADER);
    DataMap dataMap = dataMapRequest.getDataMap();

    // 매번 웨어러블이 갱신된 데이터를 표시할 수 있도록
    // dataMap에 타임스탬프 정보를 추가한다.
    dataMap.putLong(Constants.ON_THIS_DAY_TIMESTAMP,
        new Date().getTime());
    dataMap.putString(Constants.ON_THIS_DAY_DATA_ITEM_HEADER,
        heading.text());

    Element listNode = doc.select("ul").first();

    if (listNode != null) {
        Elements itemNodes = listNode.select("li");
        int size = itemNodes.size();
        ArrayList<String> items = new ArrayList<String>();
        for (int i = 0; i < size; i++) {
            items.add(itemNodes.get(i).text());
        }
        dataMap.putStringArrayList(
            Constants.ON_THIS_DAY_DATA_ITEM_CONTENT, items);
    }

    Log.i(TAG, "Sending dataMap request ...");
    PendingResult<DataApi.DataItemResult> pendingResult =
        Wearable.DataApi.putDataItem(mGoogleApiClient,
        dataMapRequest.asPutDataRequest());
    pendingResult.setResultCallback(
        new ResultCallback<DataApi.DataItemResult>() {
            @Override
            public void onResult(final DataApi.DataItemResult
                result) {
                if (result.getStatus().isSuccess()) {
```

```
                                  Log.d(TAG, "Data item set: " +
                                      result.getDataItem().getUri());
                          }
                      }
                  }
              );
          }
      }
  }, new Response.ErrorListener() {
      @Override
      public void onErrorResponse(VolleyError error) {
          Log.e(TAG, "Error reading online content = " + error);
      }
  }
);

// RequestQueue에 요청 추가
queue.add(stringRequest);
}
```

위의 코드는 전체 코드 중 일부만을 빠르게 살펴보기 위해 발췌한 코드다. 전체 코드는 깃허브에서 내려받아 확인하길 바란다.

웨어러블 디바이스에서 앱을 실행하면, 다음과 같은 결과를 얻을 수 있다.

이 스크린샷에서 볼 수 있듯이, 핸드헬드 디바이스의 동반 앱에게 위키백과에서 오늘의 역사 콘텐츠를 가져오도록 요청할 때 토스트 메시지가 표시된다.

activity_on_this_day XML 레이아웃에선 스크롤뷰 레이아웃 내에 텍스트뷰 레이아웃을 선언했기 때문에 피드 항목들을 효과적으로 스크롤할 수 있다. 이와 같이 웨어러블 앱을 개발할 때는 UX를 고려해야 한다. UI 컴포넌트를 적절히 사용하면 지금보다 나은 UX를 제공할 수 있다. 이 내용은 나중에 자세히 다룬다.

▌ 웨어 앱에 메시지가 전달되지 않을 경우

웨어 앱에 메시지가 전달되지 않을 경우, 다음 내용을 참고한다. 동기화 이슈로 메시지가 웨어러블 애플리케이션으로 전달되지 않았다면, 동반 앱의 구글 플레이 서비스 버전과 웨어러블 앱의 구글 플레이 서비스 버전이 서로 같은지 AndroidManifest.xml 파일에서 확인한다. 버전이 다르다면, 예기치 않은 동작이 발생하고 디버깅 작업에 몇 시간이 걸릴 수 있다. 안드로이드 스튜디오 화면의 다음 스크린샷을 확인해보길 바란다.

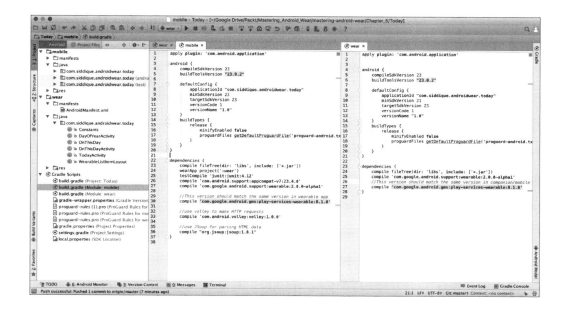

▌ 요약

5장에선 동반 핸드헬드 앱의 필요성을 살펴봤고, 안드로이드 웨어 가상 디바이스를 생성해 이를 핸드헬드 디바이스와 페어링하는 방법을 알아봤다. 동반 앱을 이용해 공개 피드 페이지의 콘텐츠를 가져와서 웨어러블 디바이스에 결과를 표시하는 신규 Today 앱도 만들었다.

6장에선 안드로이드 웨어에 풍부한 사용자 경험을 제공하는 상황 인식 알림과 음성 인터랙션을 알아본다.

06

상황 인식 알림

"인생은 타이밍이다."

— 칼 루이스 Carl Lewis

6장에선 안드로이드 웨어의 알림을 알아본다. 웨어러블 디바이스 알림과 핸드헬드 디바이스 알림의 차이점을 알아보고, 기존에 개발한 Today 앱에 안드로이드 웨어 알림 기능을 추가해본다.

 6장의 코드는 깃허브에 공개되어 있다(https://github.com/siddii/mastering-android-wear/tree/master/Chapter_6).[1] 본문엔 코드의 중요한 부분만 수록했으니, 전체 코드는 깃허브에서 확인해보기 바란다.

---

1   한국어 깃허브 저장소 주소는 https://github.com/master-android-wear-kor/mastering-android-wear/tree/master/Chapter_6이다. — 옮긴이

▌ 알림 받기

웨어러블 디바이스는 핸드헬드 디바이스보다 사용자에게 알림을 더 효과적으로 전달할 수 있다. 핸드헬드 디바이스에선 알림음이 울리면 지갑이나 주머니(혹은 최근 이베이 경매에서 낙찰받은 고급 권총집)에서 디바이스를 꺼내야 한다.

반면 스마트워치의 경우엔 알림음이 울렸을 때, 단지 손목에 차고 있는 시계를 흘끗 보기만 하면 된다. 이렇듯 웨어러블 디바이스는 사용자가 접근하기에 용이하다.

또한 음성 인터랙션 기능을 이용하면 사용자는 알림이 도착했을 때, 특정한 음성 명령을 디바이스에 전달할 수 있다. 음성 인터랙션 API는 웨어 API에 앞서 이미 핸드헬드 디바이스에서 사용돼왔지만, 웨어러블 디바이스에서 훨씬 더 유용하다. 음성 인터랙션을 활용하면 웨어러블 디바이스의 접근 용이성을 크게 향상할 수 있기 때문이다. 음성 인터랙션은 7장에서 다룬다.

알림은 웨어러블 디바이스의 핵심 기능이므로 많은 안드로이드 웨어 책들에선 알림 기능부터 먼저 소개하곤 한다. 하지만 우리는 이와는 다른 전략을 취했다.

알림이 중요한 기능이라는 사실은 분명하지만, 애플리케이션이 제공하는 여러 기능 중 하나에 불과하다. 따라서 안드로이드 웨어 앱의 기본을 먼저 다룬 후, 6장에서 알림 기능을 알아보고자 한다.

우리는 Today 앱의 기본 기능을 구현했고, 동반 핸드헬드 앱과 상호작용하는 기능도 만들었다. 이 과정에서 웨어 API를 사용하는 방법을 알아봤다. 이제 여러분은 웨어 API에 충분히 익숙해졌기 때문에, 알림 API도 별다른 어려움 없이 사용할 수 있을 것이다.

이제 알림 API의 주요 클래스를 알아보고, 예제 애플리케이션을 통해 알림 API의 동작을 살펴보자.

알림 API의 주요 클래스

다음은 예제 애플리케이션에서 사용할 알림 API의 주요 클래스다.

NotificationCompat.Builder

웨어러블 디바이스에 알림을 표시할 땐, 스마트워치의 매우 작은 화면에서도 알림이 잘 인지될 수 있어야 한다. 알림 빌더 클래스는 이 지점에서 관여한다. 알림 빌더 클래스는 핸드헬드나 웨어러블 디바이스 모두에서 알림이 적절히 표시되도록 처리한다.

알림 빌더를 사용하려면 build.gradle 파일에 다음 줄을 추가해야 한다.

```
compile "com.android.support:support-v4:20.0.+"
```

그리고 소스 코드에선 서포트 라이브러리의 주요 클래스를 다음과 같이 임포트해야 한다.

```
import android.support.v4.app.NotificationCompat;
import android.support.v4.app.NotificationManagerCompat;
import android.support.v4.app.NotificationCompat.WearableExtender;
```

예제 애플리케이션에서 볼 수 있듯이, 알림을 표시하고 싶다면 NotificationCompat.Builder 클래스의 인스턴스를 이용해 알림을 등록하면 된다.

알림의 작업 버튼

addAction 메소드를 이용하면 알림에 작업을 추가할 수 있다. 간단히 addAction에 PendingIntent 인스턴스만 전달하면 된다. 추가된 작업은 핸드헬드에는 알림에 첨부된 버튼으로 표시되지만, 웨어러블 디바이스엔 사용자가 알림을 왼쪽으로 스와이프 했을 때 나타나는 커다란 버튼으로 표시된다. 작업을 누르면 연결된 인텐트가 핸드헬드에서 호출된다.

웨어러블만의 작업

만약 웨어러블에서 수행할 작업과 핸드헬드에서 수행할 작업을 구분하고자 한다면, NotifcationCompat.WearableExtender 클래스의 addAction 메소드를 사용하면 된다. 이렇게 하면 웨어러블엔 NotificationCompat.Builder.addAction이 추가한 작업이 표시되지 않는다.

전달

다음과 같이, 알림을 전달하려면 NotificaitonManager 대신에 NotificationManager Compat API를 사용해야 한다. 이 API는 이전 플랫폼과의 호환성을 보장한다.

```
// NotificationManager 서비스의 인스턴스를 가져옴
NotificationManagerCompat notificationManager =
    NotificationManagerCompat.from(this);

// 알림을 만들고, 노티피케이션 매니저를 통해 등록함
notificationManager.notify(notificationId, notificationBuilder.build());
```

▌ 할 일 알림이 포함된 Today 앱

사용자가 할 일[to-do] 항목을 추가하고, 집이나 직장 같은 특정 위치에 할 일 항목을 연결하는 기능을 Today 앱에 추가해보자. 이 기능을 만들어보며, 특정 상황에서 알림을 울리는 방법을 익혀본다. 예제에선 위치가 알림을 만들어내는 상황에 해당한다.

예를 들어, 사용자가 집에 가까이 왔다는 사실을 감지하면 Home 카테고리에 연결된 할 일 항목이 알림 API를 통해 사용자에게 표시된다.

지오펜싱

예제에선 지오펜싱 Geofencing API를 사용해 위치, 즉 사용자의 상황을 판단한다. 지오펜싱 API는 특정 좌표 주변에 미리 정의된 반경의 원, 즉 지오펜스 geofence 를 설정한다. 우리가 원하는 위치에 지오펜스를 설정하려면 위도, 경도, 반경을 지정해야 한다. 출입 이벤트는 디바이스가 지오펜싱 지역에 들어가거나 나올 때 발생한다. 디바이스가 지오펜싱 내부에 특정 시간 이상 머물렀을 경우에만 이벤트가 발생하도록 시간을 설정할 수도 있다.

지오펜싱 API에 대한 자세한 내용은 https://developer.android.com/training/location/geofencing.html 페이지를 참조한다.

모의 GPS

웨어러블 디바이스 에뮬레이터에서 위치/GPS 센서의 동작을 시뮬레이션하기는 쉽지 않다. 이 경우엔 GPS 기능이 장착된 실제 디바이스를 이용하는 편이 낫다. 하지만 실제 디바이스를 이용할 경우, GPS 센서에 특정한 값을 전달하려면 해당 위치까지 이동해야 하므로 테스트가 매우 번거롭다.

따라서 상황 인식 알림을 테스트하려면, 모의 GPS 서비스를 사용해야 한다. 이 서비스를 이용하면 웨어러블 디바이스 에뮬레이터와 물리적 핸드헬드 디바이스를 이용하는 테스트 환경에서 위치를 마음대로 조작할 수 있다.

여기선 모의 GPS 서비스로 ByteRev의 FakeGPS 애플리케이션을 사용했다(https://play.google.com/store/apps/details?id=com.lexa.fakegps&hl=en).

이 무료 앱을 사용하면 다른 위치를 시뮬레이션할 수 있고, 실제 디바이스의 GPS와 동일한 결과를 얻을 수 있다. 하지만 위치를 바꿀 경우, 가끔 앱을 재실행해야 한다는 단점이 있다. 그래도 이 정도의 불편함은 충분히 감수할 수 있을 것이다.

웨어와 모바일 앱의 build.gradle 파일

위치 서비스를 이용하려면 핸드헬드 앱의 build.gradle 파일엔 다음 내용이 포함돼야 한다.

```
compile 'com.google.android.gms:play-services-location:9.0.2'
```

웨어와 모바일 앱 모두 서포트 라이브러리의 알림 관련 기능을 이용하기 때문에, 다음의 의존 관계를 포함해야 한다.

```
compile 'com.android.support:support-v13:23.4.0'
```

핸드헬드 앱의 AndroidManifest 파일

앱에서 정확한 위도와 경도 값을 얻기 위해선 다음의 권한을 선언해야 한다.

```xml
<?xml version="1.0" encoding="utf-8"?>
<manifest xmlns:android="http://schemas.android.com/apk/res/android"
    package="com.siddique.androidwear.today">

    <uses-sdk android:minSdkVersion="18"
        android:targetSdkVersion="22" />

    <uses-permission android:name="android.permission.INTERNET" />

    <uses-permission android:name="android.permission.ACCESS_FINE_LOCATION" />

    <application
        android:allowBackup="true"
        android:icon="@mipmap/ic_launcher"
        android:label="@string/app_name"
        android:supportsRtl="true"
        android:theme="@style/AppTheme">
        <meta-data
            android:name="com.google.android.gms.version"
            android:value="@integer/google_play_services_version" />

        <activity
            android:name=".TodayMobileActivity"
            android:configChanges="keyboardHidden|orientation|screenSize"
            android:label="@string/app_name"
            android:windowSoftInputMode="stateHidden">
        </activity>

        <!-- 웨어러블 디바이스가 보낸 메시지를 수신한다. -->
        <service android:name=".HandheldListenerService">
            <intent-filter>
                <action android:name=
                    "com.google.android.gms.wearable.DATA_CHANGED" />
                <action android:name=
                    "com.google.android.gms.wearable.MESSAGE_RECEIVED" />

                <data
                    android:host="*"
```

```xml
                    android:pathPrefix="/today"
                    android:scheme="wear" />
            </intent-filter>
        </service>

        <activity
            android:name=".TodoMobileActivity"
            android:label="@string/title_activity_todo_mobile"
            android:theme="@style/AppTheme.NoActionBar">
            <intent-filter>
                <action android:name="android.intent.action.MAIN" />

                <category android:name="android.intent.category.LAUNCHER" />
            </intent-filter>
        </activity>

        <service
            android:name=".GeofenceTransitionsIntentService"
            android:exported="false">
        </service>
    </application>
</manifest>
```

여기선 할 일 항목 추가 기능을 제공하는 TodoMobileActivity라는 액티비티를 새로 추가했다. 이 액티비티에선 GPS 센서에 접근하므로 ACCESS_FINE_LOCATION 권한을 사용한다.

GeofenceTransitionsIntentService는 위치가 변경될 때 호출된다.

TodoMobileActivity 클래스

TodoMobileActivity 클래스는 사용자에게 리스트 뷰를 표시하고 할 일 항목을 추가하는 기능을 가진 간단한 액티비티다. 추가된 각 항목은 미리 선언된 위치(집과 회사) 중 하나에 연결되고, 각 위치는 특정 좌표값을 갖는다.[2]

---

2 안드로이드 6.0 마시멜로 이후 버전의 OS에서 앱을 실행할 경우 런타임 퍼미션의 영향으로 위치 관련 권한이 허용되지 않아 크래시가 발생할 수 있다. 이 경우 애플리케이션 관리 메뉴에서 Today 앱에 위치 권한을 직접 허용해주면 된다. – 옮긴이

```java
public class TodoMobileActivity extends AppCompatActivity implements
  GoogleApiClient.ConnectionCallbacks,
  GoogleApiClient.OnConnectionFailedListener  {
  private ListView mTaskListView;
  private ArrayAdapter<String> mAdapter;

  public static final String TAG = TodoMobileActivity.class.getName();
  private List<Geofence> geofenceList;
  private PendingIntent mGeofencePendingIntent;
  private GoogleApiClient mGoogleApiClient;

  @Override
  protected void onCreate(Bundle savedInstanceState) {
    super.onCreate(savedInstanceState);
    setContentView(R.layout.activity_todo_mobile);
    Toolbar toolbar = (Toolbar) findViewById(R.id.toolbar);
    setSupportActionBar(toolbar);

    mTaskListView = (ListView) findViewById(R.id.list_todo);
    refreshItems();

    FloatingActionButton fab =
      (FloatingActionButton) findViewById(R.id.addTodo);
    if (fab != null) {
      fab.setOnClickListener(new View.OnClickListener()
      {
        @Override
        public void onClick(View view) {
          LayoutInflater inflater = (LayoutInflater) getSystemService(
            Context.LAYOUT_INFLATER_SERVICE);
          final View addTodoItemView =
            inflater.inflate(R.layout.add_todo_item, null);

          final Spinner spinner = (Spinner)
            addTodoItemView.findViewById(R.id.todoItemType);
          ArrayAdapter<CharSequence> adapter =
            ArrayAdapter.createFromResource(TodoMobileActivity.this,
            R.array.todoItemTypes, android.R.layout.simple_spinner_item);
          adapter.setDropDownViewResource(
            android.R.layout.simple_spinner_dropdown_item);
          spinner.setAdapter(adapter);
```

```java
        AlertDialog dialog = new AlertDialog.Builder(TodoMobileActivity.this)
          .setTitle("Add a new todo item")
          .setView(addTodoItemView)
          .setPositiveButton("Add", new DialogInterface.OnClickListener()
          {
            @Override
            public void onClick(DialogInterface dialog, int which) {
              EditText taskEditText = (EditText)
                addTodoItemView.findViewById(R.id.todoItem);
              Log.i(TAG, "Todo Item = " + taskEditText.getText());

              Spinner todoItemTypeSpinner = (Spinner)
                addTodoItemView.findViewById(R.id.todoItemType);
              String todoItemType = (String)
                todoItemTypeSpinner.getSelectedItem();
              Log.i(TAG, "Todo Item type = " + todoItemType);

              String task = String.valueOf(taskEditText.getText());
              Set<String> todoItems =
                TodoItems.readItems(TodoMobileActivity.this, todoItemType);
              todoItems.add(task);
              TodoItems.saveItems(TodoMobileActivity.this, todoItemType,
                todoItems);
              refreshItems();
            }
          })
          .setNegativeButton("Cancel", null)
          .create();
        dialog.show();
      }
    });
  }

  if(null == mGoogleApiClient) {
    mGoogleApiClient = new GoogleApiClient.Builder(this)
      .addApi(LocationServices.API)
      .addConnectionCallbacks(this)
      .addOnConnectionFailedListener(this)
      .build();
    Log.i(TAG, "GoogleApiClient created");
  }

  if(!mGoogleApiClient.isConnected()) {
```

```java
      mGoogleApiClient.connect();
      Log.i(TAG, "Connecting to GoogleApiClient..");
  }
}

private void createGeofences() {
  Log.i(TAG, "Creating geo fences");
  geofenceList = new ArrayList<Geofence>();
  geofenceList.add(new SimpleGeofence(
    Constants.HOME_GEOFENCE_ID,
    Constants.HOME_LATITUDE,
    Constants.HOME_LONGITUDE).toGeofence());

  geofenceList.add(new SimpleGeofence(
    Constants.WORK_GEOFENCE_ID,
    Constants.WORK_LATITUDE,
    Constants.WORK_LONGITUDE).toGeofence());
}

private void refreshItems() {
  ArrayList<String> taskList = new ArrayList<>();

  String[] todoItemTypes =
    getResources().getStringArray(R.array.todoItemTypes);
  for (String todoItemType : todoItemTypes) {
    Set<String> todoItems = TodoItems.readItems(this, todoItemType);
    for (String todoItem : todoItems) {
      taskList.add(todoItemType + " - " + todoItem);
    }
  }

  if (mAdapter == null) {
    mAdapter = new ArrayAdapter<>(this, R.layout.item_todo,
      R.id.task_title, taskList);
    mTaskListView.setAdapter(mAdapter);
  }
  else {
    mAdapter.clear();
    mAdapter.addAll(taskList);
    mAdapter.notifyDataSetChanged();
  }
}
```

```java
public void deleteTodoItem(View view) {
  View parent = (View) view.getParent();
  TextView textView = (TextView) parent.findViewById(R.id.task_title);

  String removingItem = (String) textView.getText();
  Log.i(TAG, "Removing Item = " + removingItem);

  String[] todoItemTypes =
    getResources().getStringArray(R.array.todoItemTypes);
  TodoItems.removeItem(this, todoItemTypes, removingItem);
  refreshItems();
}

@Override
public void onConnected(@Nullable Bundle bundle) {
  if(mGoogleApiClient != null) {
    mGeofencePendingIntent = getGeofenceTransitionPendingIntent();
    createGeofences();
    Log.i(TAG, "Adding geofences to API location services");
    LocationServices.GeofencingApi.addGeofences(mGoogleApiClient,
      geofenceList,mGeofencePendingIntent);
  }
}

private PendingIntent getGeofenceTransitionPendingIntent() {
  Intent intent = new Intent(this,
    GeofenceTransitionsIntentService.class);
  return PendingIntent.getService(this, 0, intent,
    PendingIntent.FLAG_UPDATE_CURRENT);
}

@Override
public void onConnectionSuspended(int i) {
  Log.i(TAG, "onConnectionSuspended called");
}

@Override
public void onConnectionFailed(@NonNull ConnectionResult connectionResult) {
  Log.i(TAG, "onConnectionFailed called");
}
}
```

SimpleGeofence 클래스는 3개의 인자를 가지며, 반경은 50m로 설정했다. 전체 코드
는 깃허브에서 확인하기 바란다.

▌ 할 일 목록 보기

다음 그림은 할 일 목록 보기 화면을 보여준다. 사용자는 할 일 항목을 추가할 수 있
고, 기존 항목을 삭제할 수 있다. 목록의 각 항목은 연결된 위치를 표시한다.

▌할 일 항목 추가하기

다음 그림은 Today—Todos 앱에 새로운 할 일 항목을 추가하는 입력 화면을 보여
준다.

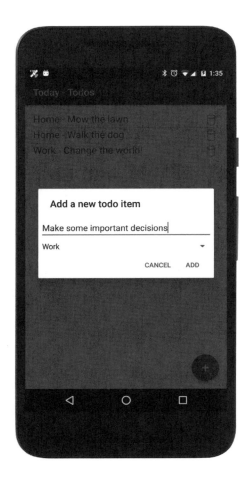

모의 위치

이 예제에선 집과 직장이라는 2개의 장소를 사용한다. 우리는 미국 대통령이 될 거라는 야망을 가지고 이 앱을 만들었다. 그래서 집 좌표는 백악관의 좌표로 잡았고, 직장 좌표는 캐피톨 힐^{Capitol Hill}의 좌표로 잡았다(물론 이 예시의 내용은 틀렸다. 대통령은 백악관 웨스트윙에 위치한 집무실에서 일한다. 하지만 직장과 집의 좌표가 같다면 우리의 예제 코드는 의미가 없어지므로 일부러 다른 장소를 선택했다). 좌표값을 선언한 Constants 파일의 내용은 다음 그림과 같다.

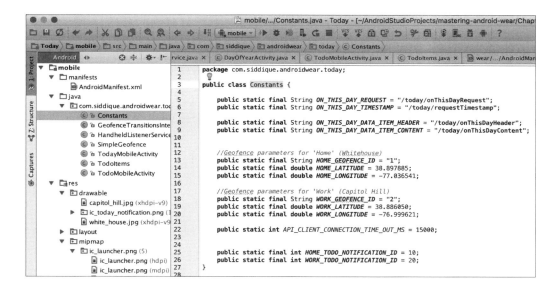

FakeGPS 앱으로 모의 위치 설정하기

FakeGPS 앱을 실행한 후, 다음과 같이 백악관의 위치를 검색한다.

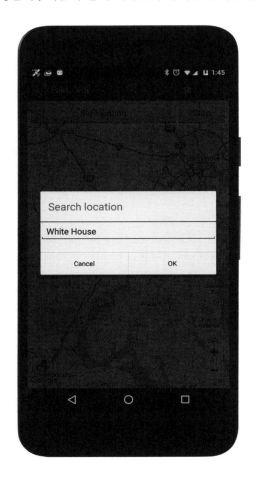

Set location 버튼을 선택하면, FakeGPS는 해당 위치를 시뮬레이션한다. 이전 그림의
위도와 경도를 적어두고, Constant 파일의 Constants.HOME_LATITUDE와 Constants.
HOME_LONGITUDE의 값과 얼마나 비슷한지 확인해보자.

GeoFenceTransitionIntentService 클래스

앞서 다룬 TodoMobileActivity 액티비티에선 위치가 변경될 때마다 GeofenceIntent Service가 호출되도록 설정했다. onHandleIntent 메소드에선 사용자가 진입한 지오 펜스 위치에 연결된 할 일 항목을 사용자에게 알려준다.

```java
public class GeofenceTransitionsIntentService extends IntentService {
    private static final String TAG =
        GeofenceTransitionsIntentService.class.getName();

    public GeofenceTransitionsIntentService() {
        super(GeofenceTransitionsIntentService.class.getSimpleName());
    }

    @Override
    public void onCreate() {
        super.onCreate();
    }

    /**
     * 전달받은 인텐트 처리
     *
     * @param intent 로케이션 서비스가 보낸 인텐트. 이 인텐트는 addGeofences()가 호출될 때
     * PendingIntent에 포함된 형태로 로케이션 서비스에게 전달된다.
     */
    @Override
    protected void onHandleIntent(Intent intent) {
        Log.i(TAG, "Location changed " + intent);

        GeofencingEvent geoFenceEvent = GeofencingEvent.fromIntent(intent);
        if (geoFenceEvent.hasError()) {
            int errorCode = geoFenceEvent.getErrorCode();
            Log.e(TAG, "Location Services error: " + errorCode);
        } else {
            int transitionType = geoFenceEvent.getGeofenceTransition();
            // NotificationManager 서비스의 인스턴스를 가져옴
            NotificationManagerCompat notificationManager =
                NotificationManagerCompat.from(this);
```

```java
            Log.i(TAG, "Notifying home todo items");
            String triggeredGeoFenceId =
                geoFenceEvent.getTriggeringGeofences().get(0).getRequestId();

            switch (triggeredGeoFenceId) {
                case Constants.HOME_GEOFENCE_ID:
                    if (Geofence.GEOFENCE_TRANSITION_ENTER == transitionType) {
                        Log.i(TAG, "Notifying home todo items");
                        notifyTodoItems(notificationManager, "Home",
                            Constants.HOME_TODO_NOTIFICATION_ID,
                            R.drawable.white_house);
                    }
                    break;
                case Constants.WORK_GEOFENCE_ID:
                    if (Geofence.GEOFENCE_TRANSITION_ENTER == transitionType) {
                        Log.i(TAG, "Notifying work todo items");
                        notifyTodoItems(notificationManager, "Work",
                            Constants.WORK_TODO_NOTIFICATION_ID,
                            R.drawable.capitol_hill);
                    }
                    break;
            }
        }
    }

    private void notifyTodoItems(NotificationManagerCompat notificationManager,
        String todoItemType, int notificationId, int background) {
        Set<String> todoItems = TodoItems.readItems(this, todoItemType);
        Intent viewIntent = new Intent(this, TodoMobileActivity.class);
        PendingIntent viewPendingIntent = PendingIntent.getActivity(this, 0,
            viewIntent, PendingIntent.FLAG_UPDATE_CURRENT);

        NotificationCompat.Builder notificationBuilder =
            new NotificationCompat.Builder(this)
                .setSmallIcon(R.drawable.ic_today_notification)
                .setLargeIcon(BitmapFactory.decodeResource(
                    getResources(), background))
                .setContentTitle(todoItems.size() + " " + todoItemType
                    + " todo items found!")
                .setContentText(todoItems.toString())
                .setContentIntent(viewPendingIntent);
```

```
    // 알림을 만들고, 노티피케이션 매니저를 통해 등록함
    notificationManager.notify(notificationId, notificationBuilder.build());
    }
}
```

핸드헬드 앱 알림

다음 그림은 FakeGPS 앱을 이용해 위치를 집으로 설정했을 때 실행되는 Today-
Todos 앱의 동작을 보여준다. 핸드헬드 디바이스의 알림엔 집에 연결된 3개의 할 일
항목이 표시되는 것을 확인할 수 있다.

웨어러블 앱 알림

다음 그림은 같은 내용의 알림이 웨어러블 디바이스에선 어떻게 표시되는지 보여준다.

FakeGPS 앱에서 캐피톨 힐로 위치를 변경한 다음 Today-Todos 앱을 다시 실행하면, 다른 알림이 등록된다. 이 알림은 웨어러블 디바이스에선 다음 스크린샷과 같이 표시된다.

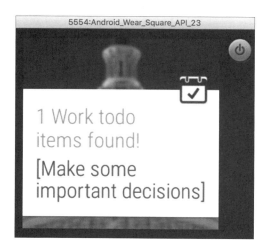

▌ 요약

6장에선 Today 앱에 `TodoMobileActivity`를 추가했다. 이 액티비티로 알림 API를 이용해 상황 인식 알림을 활용하는 방법을 알아봤다. 이때 등록된 알림은 웨어러블 디바이스 시뮬레이터뿐 아니라 모바일 디바이스에도 표시된다. 마지막으로, 지오펜싱의 개념을 알아보고 지오펜싱 API를 사용해봤다. 이 과정에서 FakeGPS 앱을 이용해 모의 위치를 시뮬레이션하는 방법도 알아봤다.

07

음성 인터랙션, 센서,
데이터 추적

"내게 남은 건 목소리뿐이었다."

– W. H. 오든^{Auden}

7장에선 웨어 API가 제공하는 음성 기능을 살펴보고, 6장에서 만든 Today 앱에 음성 명령 기능을 추가해본다. 또한 디바이스 센서를 알아보고, 센서를 사용해 데이터를 얻는 방법을 알아본다.

 7장의 코드는 깃허브에 공개되어 있다(https://github.com/siddii/mastering-android-wear/tree/master/Chapter_7).¹ 본문엔 코드의 중요한 부분만 수록했으니, 전체 코드는 깃허브에서 확인해보기 바란다.

---

1   한국어 깃허브 저장소 주소는 https://github.com/master-android-wear-kor/mastering-android-wear/tree/master/Chapter_7이다. – 옮긴이

▌ 음성 기능

80년대에 청소년기를 보냈다면, 웨어러블 디바이스의 음성 인터랙션에 대한 모든 지식은 다음 사진의 남자에게 배운 것이나 마찬가지다.

저 드라마가 방영된 지도 30년이 넘었으니 이젠 자동차를 소환할 수 있는 음성 명령을 제공하는 웨어 API도 있을 법하지만 안타깝게도 그런 건 아직 없다. 시스템이 제공하는 전체 음성 액션 목록은 '시스템 제공 음성 액션' 절에서 소개한다.

 웨어러블 앱이 제공하는 음성 관련 기능에 대한 자세한 내용은 안드로이드 개발자 사이트(https://developer.android.com/training/wearables/apps/voice.html)에서 확인할 수 있다.

시스템 제공 음성 액션은 웨어 플랫폼에 내장된 기능으로, 별다른 작업 없이도 바로 이용할 수 있다.

이와 반대로 앱 제공 음성 액션은 특정 앱에서 제공하는 음성 액션이다.

시스템 제공 음성 액션

시스템 제공 음성 액션을 이용하려면 특정 음성 액션을 말했을 때 실행돼야 할 액티비티를 지정해야 한다.

웨어 플랫폼이 지원하는 음성 인텐트는 다음과 같다.

- 메모 작성
- 택시 호출
- 알람 설정
- 타이머 설정
- 달리기 시작/중지
- 자전거 타기 시작/중지
- 스톱워치 시작
- 운동 시작/중지
- 걸음 수 표시
- 심장박동 수 표시

앱 제공 음성 액션

시스템 제공 음성 액션으론 성에 차지 않을 경우엔, 핸드헬드에 런처[launcher] 아이콘을 등록하듯 웨어 앱을 시작하는 음성 액션을 직접 등록할 수 있다.

음성 액션으로 TodayActivity를 실행하려면, 액티비티의 레이블 속성의 값을 Start 라는 키워드 다음에 말할 텍스트로 지정해야 한다.[2] 샘플 코드에선 레이블 속성 값에 앱 이름을 지정했다. 이렇게 하면 intent-filter 태그는 Start Today라는 음성 액션을 인식해서 TodayActivity 액티비티를 실행한다.

---

2   한국어 설정에선 키워드를 먼저 말한 다음 실행이라고 말해야 한다. 단 '오늘'은 이미 등록된 키워드일 수 있으므로 '투데이' 등으로 앱의 이름을 바꿔보기 바란다. – 옮긴이

```
<activity
    android:name=".TodayActivity"
    android:label="@string/app_name">
    <intent-filter>
        <action android:name="android.intent.action.MAIN" />
        <category android:name="android.intent.category.LAUNCHER" />
    </intent-filter>
</activity>
```

▌ 음성 명령으로 할 일 항목 추가하기

코드를 작성해볼 차례다. 6장에선 페어링된 핸드헬드 앱을 이용해 Today 앱에 할 일 항목을 추가하는 기능을 만들었다. 또한 지정된 위치에 접근할 경우 웨어러블 기기에 알림을 표시하는 기능도 만들었다.

여기에 음성 인터랙션 기술까지 도입해서, 음성 명령을 이용해 할 일 항목을 등록하는 기능을 웨어러블 앱에 추가해본다. 이 작업을 하면서 상황 인지 알림의 기능도 확장해보겠다.

예를 들어 "home 저녁식사 준비하기"라고 말하면, 웨어러블 앱은 '저녁식사 준비하기'라는 할 일 항목을 만들고, 이 항목을 home 위치에 연결한다. 마찬가지로 "work 월간 회의 준비"라고 말하면 앱은 '월간 회의 준비'라는 할 일 항목을 만들고, work 위치에 연결한다.

코드를 작성하기 전에 몇 가지 알아둬야 할 사항이 있다.

- 이 책을 집필하는 시점에는 안드로이드 웨어 에뮬레이터에 음성 입력 기능이 제공되지 않았다. 그래서 실제 웨어 디바이스를 이용해 작업을 진행한다.
- 물리적 디바이스가 없어도 안드로이드 웨어 앱을 만들 수 있다. 하지만 음성 입력, 동작 감지 등 에뮬레이터로는 재현하기 어려운 기능이 있다. 이런 기능

을 사용하기 위해선 물리 디바이스를 사용할 수밖에 없다. 안드로이드 웨어 앱 개발을 진지하게 고민한다면, 개발 속도를 높이기 위해서라도 물리 디바이스를 장만하길 바란다.

- 안드로이드 웨어 에뮬레이터는 아직 음성 인터랙션을 지원하지 않지만, 구글이 이 기능을 조만간 추가할 수도 있으니 계속 확인해보자.

웨어러블 앱에 할 일 항목 추가하기 액션 추가

이제 개발을 시작해보자. 가장 먼저 할 일은 arrays.xml 파일에 Add Todo Item 액션을 추가하는 것이다.

```xml
<?xml version="1.0" encoding="utf-8"?>
<resources>
    <string-array name="actions">
        <item>Day of Year</item>
        <item>On this day...</item>
        <item>Add Todo Item</item>
    </string-array>
</resources>
```

새로 추가된 액션은 화면에 다음과 같이 표시된다.

▌ 웨어러블 앱의 AddTodoItem 액티비티

이제 AddTodoItem 액티비티에 핸들러 코드를 작성한다.

```java
@Override
public void onClick(WearableListView.ViewHolder viewHolder) {
    Log.i(TAG, "Clicked list item" + viewHolder.getAdapterPosition());
    if (viewHolder.getAdapterPosition() == 0) {
        Intent intent = new Intent(this, DayOfYearActivity.class);
        startActivity(intent);
    } else if (viewHolder.getAdapterPosition() == 1) {
        Intent intent = new Intent(this, OnThisDayActivity.class);
        startActivity(intent);
    } else if (viewHolder.getAdapterPosition() == 2) {
        displaySpeechRecognizer();
    }
}


// 음성 인식 액티비티를 호출하는 인텐트를 생성
private void displaySpeechRecognizer() {
    Intent intent = new Intent(RecognizerIntent.ACTION_RECOGNIZE_SPEECH);
    intent.putExtra(RecognizerIntent.EXTRA_LANGUAGE_MODEL,
        RecognizerIntent.LANGUAGE_MODEL_FREE_FORM);
    // 액티비티를 시작하며, 액티비티는 음성 텍스트를 담은 인텐트를 반환한다.
    startActivityForResult(intent, Constants.SPEECH_REQUEST_CODE);
}
```

Add Todo Item 액션을 선택하면 다음 화면이 표시된다.

▌음성 입력 처리

음성 인식기는 음성 입력 인텐트를 받아 처리한 후 onActivityResult를 통해 결과를 반환한다. 음성 텍스트를 추출한 후, 음성 명령이 우리가 미리 선언해둔 위치인 home 이나 work로 시작할 경우 GoogleApiClient를 호출하는 부분을 눈여겨보자.

```
// 음성 인식 모듈이 인식을 마친 후 호출되며, 인텐트에 포함된 텍스트를 추출하는 작업을 함
@Override
protected void onActivityResult(int requestCode, int resultCode,
    Intent data) {
    if (requestCode == Constants.SPEECH_REQUEST_CODE && resultCode ==
        RESULT_OK) {
        List<String> results = data.getStringArrayListExtra(
            RecognizerIntent.EXTRA_RESULTS);
        spokenText = results.get(0);
        // 인식된 텍스트 처리
```

```
        Log.i(TAG, "Spoken Text = " + spokenText);

        if (spokenText.startsWith("home") || spokenText.startsWith("work")) {
            Log.i(TAG, "Creating Google Api Client");
            mGoogleApiClient = new GoogleApiClient.Builder(this)
                .addApi(Wearable.API)
                .addConnectionCallbacks(this)
                .addOnConnectionFailedListener(this)
                .build();
            mGoogleApiClient.connect();
        }
    } else {
        super.onActivityResult(requestCode, resultCode, data);
    }
}
```

안드로이드 웨어는 음성 입력을 분석한 다음, 다음 사진과 같이 확인 화면을 띄운다.

GoogleClient가 연결된 후엔 onConnected 메소드가 호출된다. 음성 입력 중 위치(home 또는 work)를 제외한 나머지 텍스트로 todoItem을 만들어 웨어러블 데이터^{Wearable Data} API를 이용해 핸드헬드 앱으로 전달한다.

```java
@Override
public void onConnected(Bundle bundle) {
    Log.i(TAG, "Connected to Data Api");
    if (spokenText != null) {
        if (spokenText.startsWith("home")) {
            String todoItem = spokenText.substring("home".length());
            sendMessage(Constants.HOME_TODO_ITEM, todoItem.getBytes());
        } else if (spokenText.startsWith("work")) {
            String todoItem = spokenText.substring("work".length());
            sendMessage(Constants.WORK_TODO_ITEM, todoItem.getBytes());
        }
    }
}

private void sendMessage(final String path, final byte[] data) {
    Log.i(TAG, "Sending message to path " + path);
    Wearable.NodeApi.getConnectedNodes(mGoogleApiClient).setResultCallback(
        new ResultCallback<NodeApi.GetConnectedNodesResult>() {
            @Override
            public void onResult(NodeApi.GetConnectedNodesResult nodes) {
                for (Node node : nodes.getNodes()) {
                    Wearable.MessageApi.sendMessage(
                        mGoogleApiClient, node.getId(), path, data);
                    spokenText = null;
                }
            }
        }
    );
}
```

▌ 핸드헬드 앱

핸드헬드 앱에선 onMessageReceived 메소드를 이용해 웨어러블에게서 받은 메시지를 처리한다. 부하가 많이 걸리는 작업은 핸드헬드 앱의 몫이라는 내용을 다시 상기해보자. 이 경우엔 할 일 항목을 만드는 작업이 복잡한 작업에 해당한다.

```java
@Override
public void onMessageReceived(MessageEvent messageEvent) {
    super.onMessageReceived(messageEvent);
    Log.i(TAG, "Message received" + messageEvent);

    if (Constants.ON_THIS_DAY_REQUEST.equals(messageEvent.getPath())) {
        // 오늘의 역사를 위키백과에서 가져온다.
        getOnThisDayContentFromWikipedia();
    } else {
        String todo = new String(messageEvent.getData());
        if (Constants.HOME_TODO_ITEM.equals(messageEvent.getPath())) {
            Log.i(TAG, "Adding home todo item '" + todo + "'");
            TodoItems.addItem(this, "Home", todo);
        } else if (Constants.WORK_TODO_ITEM.equals(messageEvent.getPath())) {
            Log.i(TAG, "Adding work todo item '" + todo + "'");
            TodoItems.addItem(this, "Work", todo);
        }
    }
}
```

추가된 할 일 항목은 핸드헬드 Today-Todos 앱의 할 일 목록에 다음과 같이 표시된다.

▌동작 센서

동작 센서를 이용하면 디바이스의 회전, 휘두르기, 흔들기, 기울이기 등의 동작을 모니터링할 수 있다. 자동차 시뮬레이터에서 디바이스의 움직임은 핸들의 회전을 의미하듯, 디바이스의 동작은 동작이 일어나는 시점의 상황과 밀접하게 관련된 경우도 있다. 이런 경우, 디바이스의 동작은 기준 위치에 대한 디바이스의 상대적인 위치로 측정하거나, 실행 중인 앱상의 위치에 대한 상대적인 위치로 측정한다.

때로는 움직이는 자동차 안에서 이동 속도를 측정하는 경우와 같이 디바이스를 둘러싼 환경에 대한 상대적인 동작을 모니터링하는 경우도 있다. 이 경우, 디바이스 자체는 자동차 내부에 가만히 놓여 있는 상태이지만, 도로를 기준으로 보면 디바이스는 자동차와 동일한 속도로 움직이고 있다.

안드로이드 플랫폼은 다양한 센서를 이용해 디바이스의 동작을 모니터링하는 방법을 제공한다. 센서 중엔 자이로스코프나 가속도계 등의 하드웨어 기반의 센서도 있고, 회전 벡터 센서, 중력 센서, 중요 동작 센서, 걸음 수 측정 센서, 걸음 인식 센서 등의 소프트웨어 기반 혹은 다른 하드웨어 센서에 의존하는 하드웨어 기반 센서도 있다. 자세한 내용은 개발자 사이트를 참조한다(https://developer.android.com/guide/topics/sensors/sensors_motion.htm).

여기선 모든 동작 센서 중에서 가장 중요한 2개의 하드웨어 센서인 자이로스코프와 가속도계를 살펴본다. 이 두 센서의 동작원리를 이해하고 나면, 모든 동작 센서에 공통적으로 적용되는 물리 법칙을 이해할 수 있으며, 주어진 API를 이용해 문제를 해결하는 직관도 갖추게 될 것이다.

자이로스코프

자이로스코프 gyroscope 는 바퀴나 원형 판이 달린 기구로, 이 바퀴나 판은 자신을 장착한 기구의 방향에 영향을 받지 않으면서 자유로이 한 축으로 회전할 수 있다.

다음 그림은 자이로스코프의 모양을 보여준다.

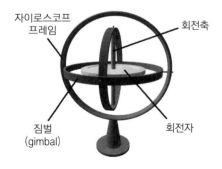

자이로스코프 프레임 · 회전축 · 짐벌 (gimbal) · 회전자

자이로스코프의 고유한 특성은 회전자(원형 판)가 축을 중심으로 회전할 동안에만 나타난다. 반대로 판이 회전하지 않는 상태에선 별다른 특징을 보이지 않는다. 회전하는 동안 기구를 회전시키거나 기울여도 회전축의 방향은 영향을 받지 않는다. 이러한 특성은 각 운동량$^{angular\ momentum}$ 보존 법칙 때문에 생기며, 이 특성 덕분에 자이로스코프는 방향을 측정하거나 특정 방향을 유지할 때 유용하다.

가속도계

가속도계^{accelerometer}는 가속도를 측정하는 기구로, 자동차, 배, 비행기, 우주선이나 기계, 건물 등의 구조물의 진동을 측정하는 데 활용된다.

가속도계는 회전하는 기계의 진동을 측정하고 모니터링하는 경우와 같이 과학과 산업계의 많은 영역에서 유용하게 활용되고 있다. 또한 태블릿과 디지털 카메라의 이미지가 화면상에 올바른 방향으로 표시되도록 보정하는 경우에도 활용된다.

웨어 디바이스에선 중력 등 디바이스에 영향을 주는 가속도를 측정하는 용도로 가속도 센서를 사용한다. 디바이스의 움직임을 측정할 땐 대부분의 경우 가속도계를 사용한다. 가속도계는 거의 모든 안드로이드 핸드헬드 기기와 태블릿에 탑재되어 있으며, 여타 동작 센서에 비해 매우 적은 양의 배터리를 소비한다.

▌ 걸음 수 측정 기능 추가

우리 모두는 걸음 수를 측정하고 싶어 한다. 이제 웨어러블 디바이스를 이용해 우리가 직접 만들어보자.

웨어러블 앱에 할 일 항목 등록 기능 추가

우선 웨어러블 앱에 메뉴를 추가한다. 이름은 Step Count라고 붙인다. arrays.xml 파일을 다음과 같이 수정한다.

```xml
<?xml version="1.0" encoding="utf-8"?>
<resources>
    <string-array name="actions">
        <item>Day of Year</item>
        <item>On this day...</item>
        <item>Add Todo Item</item>
        <item>Step Count</item>
    </string-array>
</resources>
```

추가한 항목은 다음 그림과 같이 웨어러블 앱에 표시된다.

Step Count 메뉴를 선택하면 StepCounterActivity 액티비티가 실행된다. StepCounterActivity 클래스의 코드는 다음에 나와 있다. 액티비티가 SensorEventListener 인터페이스를 구현하고 있다는 부분을 눈여겨보자. 액티비티의 onCreate 메소드에선 SensorManager 클래스를 이용해 센서의 유형을 선택했다. SensorEventListener 인터페이스를 구현하기 위해 선언한 리스너 메소드인 onSensorChanged와 onAccuracyChanged도 눈여겨보기 바란다.

```java
public class StepCounterActivity extends Activity implements
SensorEventListener {

    private SensorManager mSensorManager;
    private Sensor mSensor;

    // 마지막 부팅 이후 측정된 걸음 수
    private int mSteps = 0;

    private static final String TAG = StepCounterActivity.class.getName();

    @Override
    protected void onCreate(Bundle savedInstanceState) {
        super.onCreate(savedInstanceState);
        setContentView(R.layout.activity_daily_step_counter);

        mSensorManager =
            (SensorManager) getSystemService(Context.SENSOR_SERVICE);
        mSensor = mSensorManager.getDefaultSensor(Sensor.TYPE_STEP_COUNTER);
    }

    @Override
    protected void onResume() {
        super.onResume();
        mSensorManager.registerListener(this, mSensor,
            SensorManager.SENSOR_DELAY_NORMAL);
        refreshStepCount();
    }

    @Override
    protected void onPause() {
        super.onPause();
        mSensorManager.unregisterListener(this);
    }
```

```
@Override
public void onSensorChanged(SensorEvent event) {
    Log.i(TAG, "onSensorChanged - " + event.values[0]);
    if (event.sensor.getType() == Sensor.TYPE_STEP_COUNTER) {
        Log.i(TAG, "Total step count: " + mSteps);

        mSteps = (int) event.values[0];

        refreshStepCount();
    }
}

private void refreshStepCount() {
    TextView desc = (TextView) findViewById(R.id.daily_step_count_desc);
    desc.setText(getString(R.string.daily_step_count_desc, mSteps));
}

@Override
public void onAccuracyChanged(Sensor sensor, int accuracy) {
    Log.i(TAG, "onAccuracyChanged - " + sensor);
}
}
```

웨어러블 디바이스에서 이 액티비티는 다음과 같이 표시된다.

코드에서 살펴봤듯이, 우리가 사용한 센서의 유형은 Sensor 클래스의 TYPE_STEP_
COUNTER라는 상수로 정의되어 있다. 이 센서는 웨어러블 디바이스를 마지막으로 재
부팅한 이후부터 사용자가 움직인 걸음 수를 반환한다. 걸음 수 측정기는 활성화되지
않은 상태에선 걸음 수를 측정하지 않기 때문에 애플리케이션은 항상 센서에 등록된
상태를 유지하고 있어야 한다.

여기선 API 사용법에 초점을 맞췄기 때문에 걸음 수 측정기 같은 간단한 센서를 사용
했다. 센서^{Sensor} API가 제공하는 다른 센서들도 살펴보기 바란다. 그중에서도 TYPE_
STEP_DETECTOR 센서를 알아두길 바란다. 이 센서는 사용자가 걸음을 걸을 때마다 이
벤트를 발생시킨다. 걸음 수 측정기는 일정 기간 동안 사용자가 걸은 걸음 수를 측정
하는 데 반해, 걸음 인식 센서는 사용자가 걸음을 내딛는 순간을 인식한다.

흥미있는 분들은 Today 앱에 특정한 날의 걸음 수를 기록하는 기능을 만들어보길 바
란다.

▌ 요약

7장에선 웨어 API를 이용해 Today-Todos 앱을 실행하는 앱 제공 음성 액션을 만들
었다. 그리고 동작 센서의 개념을 알아보고, 센서를 제공하는 API 클래스를 살펴봤
다. 마지막으로, Today 앱에 사용자의 걸음 수를 기록하는 간단한 액티비티를 만들
어봤다.

08

커스텀 UI 만들기

"난 그녀가 얼굴이 없다고 말했지만, 이 말은 그녀가 천 개의 얼굴을 가졌다는 뜻이었다."

– C. S. 루이스^{Lewis}

8장에선 안드로이드 웨어 UI의 근간을 이루는 디자인 원칙을 살펴보고, 많이 쓰이는 웨어의 UI 패턴을 살펴본다. 이어서 `OnThisDay` 액티비티의 피드 UI를 좀 더 사용자 친화적인 형태로 바꿔본다.

 8장의 코드는 깃허브에 공개되어 있다(https://github.com/siddii/mastering-android-wear/tree/master/Chapter_8).[1] 본문엔 코드의 중요한 부분만 수록했으니, 전체 코드는 깃허브에서 확인해보기 바란다.

---

[1] 한국어 깃허브 저장소 주소는 https://github.com/master-android-wear-kor/mastering-android-wear/tree/master/Chapter_8이다. – 옮긴이

▋ 안드로이드 웨어 UI 디자인

웨어러블 앱에 핸드헬드 앱과 동일한 UI 패턴을 그대로 적용할 순 없다. 웨어러블 디바이스는 핸드헬드에 비해 화면이 훨씬 작고, 사용자 액션에 대한 제약사항도 많다. 이런 이유로 안드로이드 웨어 UI API는 제안 기능$^{Suggest\ function}$과 요구 기능$^{Demand\ function}$으로 기능을 구분해 정의한다.

제안 기능은 컨텍스트 목록의 형태로 표현된다. 목록의 각 항목은 사용자에게 제안하는 내용을 담는다. 사용자는 세로로 나열된 정보 목록을 스크롤하다가 하나의 카드를 선택할 수 있다.

요구 기능은 큐 카드$^{cue\ card}$(텔레비전 출연자의 대사를 기록한 카드)의 개념을 차용했다. 큐 카드는 OK Google 키워드를 말하거나, 홈 화면의 배경을 탭해서 열 수 있다. 음성 명령은 음성 인텐트를 호출하고, 해당 인텐트에 대응하는 애플리케이션에 전달된다.

사용자가 음성 인텐트를 실행할 애플리케이션을 선택하면, 애플리케이션은 카드 목록을 추가 혹은 갱신하거나, 다른 애플리케이션을 실행한다.

▋ 일반적인 UI 패턴

안드로이드 웨어에서 일반적으로 사용하는 UI 패턴들을 살펴보자.

카드

컨텍스트 목록에 표시되는 각 카드는 표준 알림, 단일 액션 카드, 관련된 알림을 묶어놓은 확장 가능한 카드 묶음 등의 내용을 담는다. 카드의 오른쪽 상단에는 카드와 연결된 애플리케이션의 아이콘이 표시된다.

단일 알림 카드로는 충분한 정보를 표시하기 어려운 경우도 있다. 이 경우 카드를 오른쪽에서 왼쪽으로 스와이프하면 상세 내용 카드가 표시된다. 반대로 왼쪽에서 오른쪽으로 스와이프하면 컨텍스트 목록에서 카드가 삭제된다.

동기화 기능에 의해 웨어러블 디바이스에서 알림을 제거하면 페어링된 핸드헬드 디바이스에서도 알림이 제거된다.

상세 카드의 오른쪽엔 액션 버튼을 표시할 수 있다. 액션은 웨어러블 앱 자체에서 실행될 수도 있고, 동반 핸드헬드 앱에 위임되어 실행될 수도 있다. 경우에 따라 동반 핸드헬드 앱에서 액티비티를 실행할 수도 있다.

카운트다운과 확인

사용자가 상세 카드의 오른쪽에 있는 액션 버튼을 누르면, 시스템은 액션이 완료될 때 확인 애니메이션을 표시할 수 있다.

액션이 실행되기 전에 사용자에게 중단할 기회를 제공하고자 한다면, 액션을 실행하기 전에 카운트다운 애니메이션을 보여줄 수도 있다.

큰 변경을 일으키는 액션의 경우엔 사용자에게 확인창을 띄워 확인을 받는 방법을 사용하면 된다. 사용자는 확인 화면에서 액션의 실행 여부를 다시 한번 확인할 수 있다.

개발자의 관점에서 봤을 때, 무거운 작업은 가급적 동반 핸드헬드 앱에서 실행하는 편이 낫다. 컨텍스트 목록의 카드에서 선택한 액션을 핸드헬드 앱에서 실행하는 경우, 액션 버튼이 눌려 핸드헬드 디바이스에서 동반 앱을 실행할 때 웨어러블에 애니메이션을 표시하면 된다.

카드 자체 액션^{on-card action} 도 선택할 수 있는 옵션 중 하나다. 이 액션은 카드 자체가 실행되는 액션으로, 카드를 탭했을 때 단 하나의 액션만 실행하고자 할 때 알맞다. 내용은 주소이고 아이콘은 자동차 모양인 알림이라면, 이 알림의 카드를 눌렀을 땐 길찾기가 실행되리라고 예측할 수 있기 때문에 카드 자체 액션을 사용하기 적절하다. 카드 자체 액션은 실행하고자 하는 액션의 목적이 명확한 경우에만 사용해야 한다.

실행할 액션이 여럿인 경우엔 상세 카드의 오른쪽에 액션 버튼을 배치해 실행하는 방법도 택할 수 있다. 사람의 이름을 담은 카드라면, 이 카드를 탭했을 때 어떤 액션이 실행될지 알기 어렵다. 이 경우엔 전화하기, 메일 보내기, 연락처 상세 내용 보기와 같이 명확한 기능을 담은 별도의 버튼을 배치하는 편이 낫다.

카드 스택

연관된 카드들은 하나로 묶어 스택 형태로 표시하는 편이 낫다. 새 메일 알림의 경우엔 모든 새 메일 알림을 묶어 하나의 카드 스택으로 표시하면 된다.

사용자가 카드 스택을 탭하면 카드가 펼쳐지면서 각 카드의 위쪽 부분이 표시된다. 이 펼쳐진 카드를 다시 탭하면 컨텍스트 목록에 탭한 카드의 전체 내용이 표시된다.

사용자가 세로 방향으로 스와이프하면 펼쳐졌던 카드 스택은 다시 원래의 접혀진 상태로 돌아오고, 컨텍스트 목록엔 하나의 카드 스택 항목만 표시된다.

2D 피커

2D 피커 Picker 는 안드로이드 웨어 앱에서 사용할 수 있는 유연한 UI 패턴이다. 2D 피커를 사용하면 1차원 카드 목록이나 2차원 카드 그리드를 만들 수 있다.

스크롤 방향도 가로나 세로로 설정할 수 있다. 사용자에게 표시되는 데이터는 여러 페이지에 걸쳐 표시되며, 각 페이지는 하나의 카드로 구성된다.

검색 결과를 세로 방향의 카드 목록으로 표시하는 방법을 떠올려보자. 목록의 각 카드는 정보 중 일부만을 표시하며, 더 많은 내용은 카드를 가로로 스크롤하면 표시되는 추가 카드를 이용해 표시할 수 있다.

2D 피커 패턴은 액티비티 레이아웃에 `GridViewPager` 요소를 추가해 구현할 수 있다. 이 페이저에는 `GridPagerAdapter` 타입의 어댑터를 설정해야 한다.

어댑터를 쉽게 작성할 수 있도록 `GridPageAdapter`를 상속한 추상 클래스인 `FragmentGridPageAdapter`가 제공된다. 이 클래스엔 일반적인 어댑터의 동작이 구현되어 있기 때문에, 개발자는 이 클래스를 확장해서 GridViewPager가 표시할 각 페이지를 제공하는 어댑터를 구현하면 된다.

2D 피커를 사용할 경우엔 빠르게 표시될 수 있도록 뷰를 최적화해야 한다. 이를 위해선 가급적 카드를 단순하게 만들고, 카드의 개수도 최소화해야 한다.

사용자가 카드를 선택하면 2D 피커는 종료돼야 한다. 사용자가 첫 번째 카드를 아래쪽으로 스와이프하거나 가장 왼쪽 카드를 오른쪽 방향으로 스와이프할 경우에도 필요에 따라 피커를 종료해야 한다.

선택 리스트

선택 리스트는 스크롤할 수 있는 목록에 선택 가능한 항목을 표시하는 패턴이다. 사용자가 목록에서 항목을 선택하면 액션이 실행된다.

안드로이드 웨어 UI 라이브러리는 웨어용으로 최적화된 WearableListView라는 리스트 뷰를 제공한다. 이 컴포넌트는 액티비티의 레이아웃에 WearableListView 요소를 추가한 후, 어댑터를 설정해 사용한다.

OnThisDay 액티비티 다시 보기

5장에서 만들었던 OnThisDayActivity는 ScrollView 내부에 TextView를 추가해서 사용했다. 지금까지 살펴본 UI 패턴을 이용해 이 화면을 개선해보자. 이 과정에서 사용한 API들에 집중할 수 있도록 코드는 가급적 단순하게 작성했다. 2D 피커 같은 패턴들도 직접 사용해보기 바란다.

자, 이제 코딩을 해보자. 오늘 일어났던 일 목록을 세로 목록의 카드로 고쳐볼 것이다. 각 카드는 왼쪽에서 오른쪽으로 스와이프해서 제거할 수 있다. 이렇게 고치고 나면 기존보다 사용성이 훨씬 나아질 것이다.

OnThisDayActivity 액티비티

showOnThisDay 메소드는 GridViewPager 인스턴스를 만들고, 디스플레이에 맞게 레이아웃을 처리할 수 있도록 설정하는 작업을 한다.

```java
private void showOnThisDay(OnThisDay onThisDay) {
    final Resources res = getResources();
    final GridViewPager pager = (GridViewPager) findViewById(R.id.pager);
    pager.setOnApplyWindowInsetsListener(new
        View.OnApplyWindowInsetsListener() {
        @Override
        public WindowInsets onApplyWindowInsets(View v, WindowInsets insets) {
            // 페이지 마진 조정:
            // 원형 디스플레이에서 너무 빽빽하게 보이지 않도록 페이지 간 가로 여백을 좀 더 줌
            final boolean round = insets.isRound();
            int rowMargin = res.getDimensionPixelOffset(R.dimen.page_row_margin);
            int colMargin = res.getDimensionPixelOffset(round ?
                R.dimen.page_column_margin_round : R.dimen.page_column_margin);
            pager.setPageMargins(rowMargin, colMargin);

            // GridViewPager는 원형 디스플레이에서 레이아웃을 적절히 처리하기 위해 inset을
            // 이용한다. 리스너가 inset 값을 가로챘기 때문에 GridViewPager에 명시적으로 값을
            // 설정해줘야 한다.
            pager.onApplyWindowInsets(insets);
            return insets;
        }
    });
    pager.setAdapter(new OnThisDayGridPagerAdapter(this,
        getFragmentManager(), onThisDay));
    DotsPageIndicator dotsPageIndicator =
        (DotsPageIndicator) findViewById(R.id.page_indicator);
    dotsPageIndicator.setPager(pager);
}
```

DotsPageIndicator는 GridViewPager의 페이지 식별자 역할을 하는 클래스로, 현재 열의 페이지들 중 선택된 페이지를 쉽게 식별하도록 돕는 역할을 한다. 각 점은 페이지를 나타내고, 현재 페이지는 색깔이나 크기로 구분해서 표시한다.

액티비티 레이아웃

다음 액티비티 레이아웃에선 GridViewPager 요소를 확인할 수 있다. 5장에서는 ScrollView와 TextView를 사용했었다.

```xml
<android.support.wearable.view.BoxInsetLayout
    xmlns:android="http://schemas.android.com/apk/res/android"
    xmlns:app="http://schemas.android.com/apk/res-auto"
    android:layout_width="match_parent"
    android:layout_height="match_parent"
    android:background="@color/yellow_orange">

    <FrameLayout xmlns:android="http://schemas.android.com/apk/res/android"
        android:layout_width="match_parent"
        android:layout_height="match_parent">

        <android.support.wearable.view.GridViewPager
            android:id="@+id/pager"
            android:layout_width="match_parent"
            android:layout_height="match_parent"
            android:keepScreenOn="true" />

        <android.support.wearable.view.DotsPageIndicator
            android:id="@+id/page_indicator"
            android:layout_width="wrap_content"
            android:layout_height="wrap_content"
            android:layout_gravity="center_horizontal|bottom">
        </android.support.wearable.view.DotsPageIndicator>
    </FrameLayout>
</android.support.wearable.view.BoxInsetLayout>
```

예제에선 FragmentGridPagerAdapter 클래스를 확장한 OnThisDayGridPagerAdapter 클래스를 선언했다. 이 클래스의 인스턴스를 만든 후, GridViewPager의 어댑터로 설정한다. 프라이빗 내부 클래스인 Row는 프래그먼트 객체의 컨테이너 용도로 사용하려고 선언했다.

```java
public class OnThisDayGridPagerAdapter extends FragmentGridPagerAdapter {
    private final Context mContext;
    private OnThisDay onThisDay;
    private List<Row> mRows;
    private ColorDrawable mDefaultBg;
    private ColorDrawable mClearBg;

    public OnThisDayGridPagerAdapter(Context ctx, FragmentManager fm,
        OnThisDay onThisDay) {
        super(fm);
        mContext = ctx;
        this.onThisDay = onThisDay;
        mRows = new ArrayList<OnThisDayGridPagerAdapter.Row>();
        ArrayList<String> listItems = onThisDay.getListItems();
        for (String listItem: listItems) {
            mRows.add(new Row(cardFragment("On This Day - " +
                (listItems.indexOf(listItem) + 1), listItem)));
        }
    }

    private Fragment cardFragment(String title, String content) {
        Resources res = mContext.getResources();
        CardFragment fragment =
            CardFragment.create(title, content);
        // 페이지 식별자를 추가할 공간을 확보하기 위해 하단 마진을 추가한다.
        fragment.setCardMarginBottom(
            res.getDimensionPixelSize(R.dimen.card_margin_bottom));
        return fragment;
    }
    /** 프래그먼트로 구성된 행을 다루는 컨테이너 */
    private class Row {
        final List<Fragment> columns = new ArrayList<Fragment>();
```

```java
    public Row(Fragment... fragments) {
        for (Fragment f : fragments) {
            add(f);
        }
    }

    public void add(Fragment f) {
        columns.add(f);
    }

    Fragment getColumn(int i) {
        return columns.get(i);
    }

    public int getColumnCount() {
        return columns.size();
    }
}

@Override
public Fragment getFragment(int row, int col) {
    Row adapterRow = mRows.get(row);
    return adapterRow.getColumn(col);
}

@Override
public Drawable getBackgroundForRow(final int row) {
    return mContext.getResources().getDrawable(R.drawable.page_background);
}

@Override
public int getRowCount() {
    return mRows.size();
}

@Override
public int getColumnCount(int rowNum) {
    return mRows.get(rowNum).getColumnCount();
}
}
```

애플리케이션을 실행한 후, 다음 스크린샷과 같이 On this day... 액션을 선택한다.

선택하면 다음 스크린샷과 같이 스크롤 가능한 목록이 표시된다. 목록의 각 항목은 카드 형태로 표시된다.

세로 방향으로 스크롤하면 두 번째 항목이 화면에 표시된다.

▌ 요약

8장에선 안드로이드 웨어의 디자인 원칙을 알아보고, 대부분의 웨어러블 애플리케이션이 사용하는 일반적인 UI 패턴을 살펴봤다. 마지막으로, 5장에서 만든 Today 앱의 On this day... 액티비티에 GridViewPager를 사용해 카드 형태로 정보를 표시하도록 수정했다.

09

머티리얼 디자인

"이 세상은 우리의 상상을 펼치는 캔버스일 뿐이다."

– 헨리 데이비드 소로 Henry David Thoreau

9장에선 머티리얼 디자인 material design 의 개념을 알아보고, 웨어러블 앱의 디자인과 개발 관점에서 알아둬야 할 내용을 살펴본다. 머티리얼 디자인의 이해를 돕기 위해 우리가 만든 Todo 앱에 내비게이션 드로어 navigation drawer 를 적용해본다. Todo 앱의 내비게이션 드로어는 할 일 항목의 위치 변경, 항목 조회, 위치별 액션 조회에 활용한다.

> 9장의 코드는 깃허브에 공개되어 있다(https://github.com/siddii/mastering-android-wear/tree/master/Chapter_9).[1] 본문엔 코드의 중요한 부분만 수록했으니, 전체 코드는 깃허브에서 확인해보기 바란다.

▌ 머티리얼 디자인 알아보기

머티리얼 디자인을 알고 싶다면 가장 먼저 material.google.com부터 방문해야 한다. 이 사이트는 머티리얼 디자인의 원칙을 설명한 온라인 문서로, 지금도 계속 갱신되고 있다. 머티리얼 디자인에 관심이 있는 개발자나 디자이너라면 꼭 즐겨찾기를 해야 하는 사이트다.

머티리얼 디자인은 구글 문서로 공부해도 되지만, 9장을 통해 내가 생각하는 머티리얼 디자인에 대한 접근법을 제시해보고자 한다. 이번 절은 머티리얼 디자인의 철학에 관심 있는 독자들이 머티리얼 디자인의 개념을 직관적이며 상징적으로 이해할 수 있도록 돕는 것을 목적으로 한다. 이 간략한 소개를 통해 머티리얼 디자인의 개념을 이해하고 나서 구글의 공식 온라인 문서를 읽는다면, 여러분은 여러분의 영감을 탄탄한 디자인 아이디어로 반영할 수 있을 것이다.

이 절이 머티리얼 디자인 개념에 익숙하지 않은 독자들에게 새로운 개념에 대한 불꽃을 지필 뇌관이 되길 바란다.

---

1   한국어 깃허브 저장소 주소는 https://github.com/master-android-wear-kor/mastering-android-wear/tree/master/Chapter_9이다. – 옮긴이

세상과의 상호작용

머티리얼 디자인의 정의 등의 내용은 구글 문서에 잘 정리되어 있기 때문에 여기선 다루지 않겠다. 머티리얼 디자인이 무엇인지 알아보기에 앞서 머티리얼 디자인이 만들어진 동기를 알아보자.

당신이 커피숍의 테이블에 앉아 있다고 가정해보자. 다음 사진은 빈 테이블을 바라본 모습이다.

이 테이블은 작업 공간으로 사용하기에 적절해 보인다. 이런 성질을 **행동 유도성** affordance 이라고 한다. 행동 유도성이란 어떤 사물이나 환경이 특정 행동을 유도하는 특성을 의미한다. 예를 들어, 자동차의 핸들을 보면 누르거나 당기는 동작이 아닌 돌리는 동작을 자연스럽게 연상하게 된다.

잠깐 시간을 들여 작업 공간을 관찰해보면, 다음과 같은 특징을 발견할 수 있다.

- 편평한 판 형태다.
- 명확한 경계를 갖고 있다. 이 테이블의 경우엔 원형의 테두리가 경계를 이룬다.

- 초기 상태에는 아무 물건도 올려져 있지 않다.

이제 이 테이블과 상호작용을 해보자.

테이블은 더 이상 빈 상태가 아니다. 계속 테이블을 관찰해보자.

- 테이블 위의 사물은 정지된 상태로 놓여 있고, 스스로 미끄러지거나 둥둥 떠다니지 않는다.
- 사물은 테이블의 경계 내부에서 움직일 수 있다.
- 테이블 위엔 우리가 신경을 쓰고 있는 사물만 놓여 있다. 신경 쓰지 않는 물건은 테이블 위에서 치워버리게 된다. 테이블 위에 메모장이 보이는가? 아직 메모장은 존재하지 않는다. 왜냐하면 나는 아직 메모장이 필요하지 않기 때문이다.

좀 더 변화를 줘보자.

자, 이제 좀 더 익숙한 모습에 가까워졌다. 계속 관찰해보자.

- 손에 닿기 쉽게 하려면 물건끼리 공간을 공유해야 한다.
- 관심을 끄는 물건은 다른 물건보다 위쪽에 둔다.
- 테이블의 각 물건은 상대적인 높이를 갖는다. 즉 맨 위에 올려져 있거나, 맨 밑에 깔려 있거나, 다른 물건 사이에 끼어 있는 상태다.
- 테이블 위의 물건 수가 늘면, 행동 유도성도 함께 증가한다. 행동 유도성은 **인간 컴퓨터 상호작용** HCI, Human Computer Interaction 에서 사용하는 용어로, 사물과 상호작용하는 과정에서 사용자가 취할 수 있는 동작들을 설명하는 용어다.

테이블 상판과 그 위의 사물들을 이용해 할 수 있는 작업과 할 수 없는 작업을 관찰해 볼 수도 있지만, 우리의 목적을 성공적으로 달성하도록 테이블과 그 위에 쌓아둔 사물 더미를 잘 활용하는 과정에서 더 이상의 관찰은 중요하지 않다.

그 이유는 이런 관찰 활동은 인간 컴퓨터 상호작용, 더 폭넓게는 지각/인지/환경 심리학에 관련된 논의에 가깝기 때문이다. 우리가 영역을 어떻게 활용하고, 이 영역과 상호작용할지 직관적으로 이해하는 것이 생산적이고 효율적인 사용자 인터페이스를 설계하는 데 중요하다는 사실만 알고 있으면 된다.

시각적 언어

머티리얼 디자인은 어떻게 우리가 좀 더 나은 사용자 인터페이스를 설계하는 데 도움을 줄까?

구글의 디자이너는 우리가 일상생활에서 표면과 상호작용하는 과정에서 얻은 지식과 경험을 정제하여 일련의 원칙을 세웠고, 이를 정리해 **머티리얼 디자인**^{Material Design}을 만들었다. 머티리얼 디자인의 가장 중요한 참고자료인 material.google.com에는 이러한 원칙들이 잘 정리되어 있다.

머티리얼은 무엇을 의미할까?

구글 문서에선 시각적 디자인의 모든 그래픽 객체를 머티리얼이라고 부른다. 여기엔 탐색용 객체, 액션 바, 대화창 등이 포함된다. 상호작용할 수 있는 각 머티리얼 객체는 치수(높이와 폭)와 표준 두께를 가지며, 삼차원 공간에서 z축 방향의 특정한 높이에 만들어진 가상의 표면에 위치한다.

머티리얼 디자인을 이해하려면 머티리얼 디자인적으로 생각할 수 있어야 한다. 우리가 실생활에서 상호작용하는 방식이 항상 디바이스와 상호작용하는 방식에 대응되진 않는다. 하지만 대응되는 부분을 잘 활용한다면, 사용자가 자신의 직관을 이용해 시스템을 더 유용하게 활용하도록 이끌 수 있다. 우리가 실세계와 상호작용하는 범위가 제한된 영역에선, 현실세계에서는 물리적인 제약으로 불가능한 작업도 소프트웨어를 통해 가능하게 함으로써 사용자 경험을 풍부하게 할 수 있다.

material.google.com에선 상세한 수준의 논의들도 접할 수 있다. 그중 일부를 추려 보면 다음과 같다.

- 머티리얼이라는 개념은 종이와 잉크에서 영감을 받아 만들어졌다.
- 주광^{key light}과 주변광^{ambient light}을 활용해 높이(그림자 크기와 선명도)를 표현 한다.
- 객체의 움직임은 사용자를 동작의 주요 시발점으로 정의한다.
- 모든 머티리얼 객체는 x, y, z축 3개의 좌표를 가지며, 항상 고정된 z축 높이 를 갖는다.
- 객체는 최대한 자연스러운 방식으로 사용자에게 표현돼야 한다.
- 물리 법칙을 따른다.
- 사용자의 주의를 끌어야 할 경우와 같이 특별한 의도가 있을 경우에만 물리 법칙을 거스를 수 있다.
- 객체를 조작하는 방식과 조작 가능한 부분, 조작해선 안 되는 부분
- 움직임과 변형
- 주요 아이콘과 글꼴
- 탐색 컴포넌트와 패턴

작은 폼 팩터를 가진 디바이스에서 실행돼야 하는 웨어러블 앱은 사용성 확보가 큰 문제다. 따라서 웨어러블 앱의 디자인과 개발 단계에서 머티리얼 디자인 철학은 매우 중요한 역할을 한다. 널리 알려진 디자인 개념에 토대를 두어 개발하면 웨어러블 앱 의 사용성을 좀 더 쉽게 확보할 수 있으며, 이를 통해 사용자들이 앱을 좀 더 오래 사 용하도록 이끌 수 있다.

자, 이제 코드를 만들어보자.

▌ 할 일 항목 메뉴

Today–Todos 앱에 내비게이션 드로어를 적용해보자.

우선 arrays.xml 파일에 **Todos** 액션을 추가해보자.

```xml
<?xml version="1.0" encoding="utf-8"?>
<resources>
    <string-array name="actions">
        <item>Day of Year</item>
        <item>On this day...</item>
        <item>Todos</item>
        <item>Step Count</item>
    </string-array>
</resources>
```

메뉴 목록은 다음과 같다. **Todos** 메뉴를 눌렀을 때 실행할 동작은 다음 절에서 알아본다.

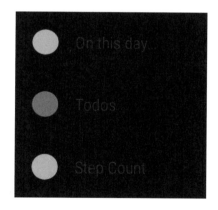

이제 안드로이드 웨어 API의 `WearableNavigationDrawer`를 Todo 앱에 적용해보자. 메뉴는 할 일의 유형(집, 회사 등)을 탭의 형태로 보여주고, 위치를 선택하면 선택된 위치에 해당하는 할 일의 목록을 보여준다.

내비게이션 드로어

내비게이션 드로어는 화면 위에서 내려오는 시트 형태의 머티리얼 객체다. 내비게이션 드로어는 여러 뷰를 가진 앱에 적합하다. 현재 보이는 페이지, 좌우 페이지의 여부는 점의 형태로 표시한다.

내비게이션 드로어는 사용자가 화면을 맨 위로 스크롤하면 각 뷰의 내용을 보여주는 기능을 제공한다. 사용자 입력이 없다면 뷰의 내용은 5초 동안 표시된 후 사라진다.

내비게이션 드로어와 반대로 액션 드로어는 화면 아래에서 올라오는 시트 형태의 머티리얼 객체로, 화면을 위로 스와이프하면 액션 항목을 보여준다.

TodosActivity 클래스

내비게이션 드로어를 이용하려면 WearableDrawerLayout 클래스를 이용해 드로어 레이아웃을 만들고, 여기에 화면에 표시할 드로어의 내용을 자식 뷰로 추가한다. TodosActivity 클래스는 내비게이션 드로어를 제어하고, 드로어 레이아웃을 초기화한다.

```
public class TodosActivity extends WearableActivity implements
    WearableActionDrawer.OnMenuItemClickListener {

    private static final String TAG = TodosActivity.class.getName();

    private WearableDrawerLayout mWearableDrawerLayout;
    private WearableNavigationDrawer mWearableNavigationDrawer;
    private WearableActionDrawer mWearableActionDrawer;

    private List<TodoItemType> todoItemTypes =
        Arrays.asList(TodoItemType.HOME, TodoItemType.WORK);
    private TodoItemType mSelectedTodoItemType;

    private TodoItemTypeFragment mTodoItemTypeFragment;
```

```java
@Override
protected void onCreate(Bundle savedInstanceState) {
    super.onCreate(savedInstanceState);
    Log.d(TAG, "onCreate()");

    setContentView(R.layout.activity_todo_main);
    setAmbientEnabled();

    mSelectedTodoItemType = TodoItemType.HOME;

    // 콘텐츠 초기화
    mTodoItemTypeFragment = new TodoItemTypeFragment();
    Bundle args = new Bundle();

    args.putString(TodoItemTypeFragment.ARG_TODO_TYPE,
        mSelectedTodoItemType.toString());

    mTodoItemTypeFragment.setArguments(args);
    FragmentManager fragmentManager = getFragmentManager();
    fragmentManager.beginTransaction().replace(R.id.content_frame,
        mTodoItemTypeFragment).commit();


    // 모든 콘텐츠를 포함하는 메인 WearableDrawerLayout
    mWearableDrawerLayout =
        (WearableDrawerLayout) findViewById(R.id.drawer_layout);

    // 상단 NavigationDrawer
    mWearableNavigationDrawer =
        (WearableNavigationDrawer) findViewById(R.id.top_navigation_drawer);

    Log.i(TAG, "mWearableNavigationDrawer  = " + mWearableNavigationDrawer);
    mWearableNavigationDrawer.setAdapter(new NavigationAdapter(this));

    // 상단의 NavigationDrawer를 보여줌
    mWearableDrawerLayout.peekDrawer(Gravity.TOP);

    // 하단 ActionDrawer
    mWearableActionDrawer =
```

```
        (WearableActionDrawer) findViewById(R.id.bottom_action_drawer);

    mWearableActionDrawer.setOnMenuItemClickListener(this);

    // 하단 ActionDrawer를 보여줌
    mWearableDrawerLayout.peekDrawer(Gravity.BOTTOM);
    }
}
```

TodoItemTypeFragment 클래스

TodoItemTypeFragment 클래스는 TodosActivity 액티비티의 내부 클래스로, 각 할 일 항목 유형의 내용을 담는다. 코드를 간단하게 작성하기 위해 항목은 정적인 내용으로 미리 만들어뒀다. 웨어러블 앱과 핸드헬드 앱의 동기화는 5장을 참조한다.

```
public static class TodoItemTypeFragment extends Fragment {
    public static final String ARG_TODO_TYPE = "todo_type";

    TextView titleView = null;
    TextView descView = null;

    public TodoItemTypeFragment() {
        // 프래그먼트의 자식 클래스는 아무 인자도 갖지 않는 생성자를 가져야 한다.
    }

    @Override
    public View onCreateView(LayoutInflater inflater, ViewGroup container,
        Bundle savedInstanceState) {
        View rootView = inflater.inflate(R.layout.fragment_todo_item,
            container, false);

        titleView = (TextView) rootView.findViewById(R.id.todo_card_title);
        descView = (TextView) rootView.findViewById(R.id.todo_card_desc);
```

```
        String todoType = getArguments().getString(ARG_TODO_TYPE);
        TodoItemType todoItemType = TodoItemType.valueOf(todoType);
        updateFragment(todoItemType);

        return rootView;
    }

    public void updateFragment(TodoItemType todoItemType) {
        titleView.setText(todoItemType.getTypeValue() + " Todos");
        descView.setText("List description");
    }
}
```

할 일 항목 카드는 다음 형태로 표시된다. 위의 코드에 나와 있듯이, Home이라는 할
일 항목 유형이 기본 값이다.

NavigationAdapter 클래스

내비게이션 어댑터는 상태에 따라 표현할 항목을 결정한다. 내비게이션 드로어의 항
목을 만들기 위해 WearableNavigationDrawerAdapter를 구현한다.

```java
private final class NavigationAdapter
    extends WearableNavigationDrawer.WearableNavigationDrawerAdapter {

    private final Context mContext;

    public NavigationAdapter(Context context) {
        mContext = context;
    }

    @Override
    public int getCount() {
        return todoItemTypes.size();
    }

    @Override
    public void onItemSelected(int position) {
        Log.d(TAG, "WearableNavigationDrawerAdapter.onItemSelected(): "
            + position);
        mSelectedTodoItemType = todoItemTypes.get(position);

        String selectedTodoImage = mSelectedTodoItemType.getBackgroundImage();
        int drawableId = getResources().getIdentifier(
            selectedTodoImage, "drawable", getPackageName());
        mTodoItemTypeFragment.updateFragment(mSelectedTodoItemType);
    }

    @Override
    public String getItemText(int pos) {
        return todoItemTypes.get(pos).getTypeValue();
    }

    @Override
    public Drawable getItemDrawable(int position) {
        mSelectedTodoItemType = todoItemTypes.get(position);
        String navigationIcon = mSelectedTodoItemType.getBackgroundImage();
        int drawableNavigationIconId = getResources().getIdentifier(navigationIcon,
            "drawable", getPackageName());
        return mContext.getDrawable(drawableNavigationIconId);
    }
}
```

내비게이션 항목

Home 할 일 화면에서 위에서 아래로 스와이프를 해보자. 기대한 것과 같이, Home 이라는 할 일 유형이 선택된 상태다.

WearableDrawerLayout 클래스

activity_todo_main.xml 파일의 루트 노드는 드로어 레이아웃이며, 내비게이션 드로어와 액션 드로어를 자식 노드로 갖는다.

```
<android.support.wearable.view.drawer.WearableDrawerLayout
    android:id="@+id/drawer_layout"
    xmlns:android="http://schemas.android.com/apk/res/android"
    xmlns:app="http://schemas.android.com/apk/res-auto"
    xmlns:tools="http://schemas.android.com/tools"
    android:layout_width="match_parent"
    android:layout_height="match_parent"
    android:background="@color/black"
    tools:context=".TodosActivity"
    tools:deviceIds="wear">

    <FrameLayout
```

```
        android:layout_width="match_parent"
        android:layout_height="match_parent"
        android:id="@+id/content_frame"/>

    <android.support.wearable.view.drawer.WearableNavigationDrawer
        android:id="@+id/top_navigation_drawer"
        android:layout_width="match_parent"
        android:layout_height="match_parent"
        android:background="@color/light_grey" />

    <android.support.wearable.view.drawer.WearableActionDrawer
        android:id="@+id/bottom_action_drawer"
        android:layout_width="match_parent"
        android:layout_height="match_parent"
        app:action_menu="@menu/action_todo_drawer_menu"
        android:background="@color/dark_grey"/>

</android.support.wearable.view.drawer.WearableDrawerLayout>
```

메뉴 아이템

activity_todo_drawer_menu.xml 파일은 각 드로어의 내용을 정의한다.

```
<menu xmlns:android="http://schemas.android.com/apk/res/android">
    <item android:id="@+id/menu_add_todo"
        android:icon="@drawable/ic_add_to_list"
        android:title="Add Todo"/>
    <item android:id="@+id/menu_update_todo"
        android:icon="@drawable/ic_todo_list"
        android:title="Update Todo List" />
    <item android:id="@+id/menu_clear_todos"
        android:icon="@drawable/ic_clear_list"
        android:title="Clear List" />
</menu>
```

앞의 사진에서 본 **Home Todos** 색인 카드를 아래에서 위쪽으로 스와이프하면 액션 드로어가 표시된다.

메뉴 리스너

코드를 간단하게 만들기 위해 메뉴 항목을 클릭하면 토스트 메시지만 표시되도록 구현했다. 이전 장들을 공부했다면 각 메뉴 액션을 눌렀을 때 데이터를 동기화하도록 구현하는 방법을 쉽게 떠올릴 수 있을 것이다. 다음 코드와 같이 메뉴가 클릭됐을 때 수행할 동작을 onMenuItemClick 메소드에 정의한다.

```
@Override
public boolean onMenuItemClick(MenuItem menuItem) {
    Log.d(TAG, "onMenuItemClick(): " + menuItem);

    final int itemId = menuItem.getItemId();

    String toastMessage = "";

    switch (itemId) {
        case R.id.menu_add_todo:
            toastMessage = "Adding " + mSelectedTodoItemType.getTypeValue() +
                " Todo";
```

```
                break;
        case R.id.menu_update_todo:
            toastMessage = "Updating " + mSelectedTodoItemType.getTypeValue( )
                + " Todo";
            break;
        case R.id.menu_clear_todos:
            toastMessage = "Clearing " + mSelectedTodoItemType.getTypeValue( )
                + " Todos";
            break;
    }

    mWearableDrawerLayout.closeDrawer(mWearableActionDrawer);

    if (toastMessage.length( ) > 0) {
        Toast toast = Toast.makeText(getApplicationContext( ), toastMessage,
            Toast.LENGTH_SHORT);
        toast.show( );
        return true;
    } else {
        return false;
    }
}
```

Add Todo 옵션을 선택하면 다음과 같이 토스트가 표시된다.

할 일 유형 변경

화면을 아래로 스와이프해서 드로어를 끌어내린 다음, 왼쪽으로 스와이프하면 다음 그림과 같이 다음의 할 일 유형으로 화면이 전환된다.

다시 화면을 끌어올려 드로어를 닫으면 현재 표시된 항목이 선택되면서 Wearable ActionDrawer의 onItemSelected 메소드가 호출된다. OnMenuItemClickListener 인터페이스는 TodosActivity 액티비티가 구현한다.

```
@Override
public void onItemSelected(int position) {
    Log.d(TAG, "WearableNavigationDrawerAdapter.onItemSelected(): " + position);
    mSelectedTodoItemType = todoItemTypes.get(position);

    String selectedTodoImage = mSelectedTodoItemType.getBackgroundImage();
    int drawableId = getResources().getIdentifier(selectedTodoImage,
        "drawable", getPackageName());
    mTodoItemTypeFragment.updateFragment(mSelectedTodoItemType);
}
```

표시되는 내용은 다음과 같다.

위로 스와이프하면 다시 Add Todo, Update Todo List, Clear List가 표시된다. Clear List를 선택하면 다음 화면이 표시된다.

▌요약

9장에선 머티리얼 디자인에 대해 간단히 알아보고, 안드로이드 웨어 디자인과 개발과 관련된 주요 원칙들을 살펴봤다. 그리고 Todo 앱에 내비게이션 드로어를 적용해서 할 일 유형을 전환하는 기능을 구현하고, 액션 드로어를 이용해 각 유형별 할 일 목록을 관리하는 기능을 구현했다.

10

워치페이스

"생각만 하고 실행하지 않으면 그 목표는 결코 성취하지 못한다."

– 이소룡

10장에선 워치페이스^{watch face}의 개념을 소개하고, 워치페이스를 만드는 데 필요한 안드로이드 웨어 API를 살펴본다. 그리고 시각을 표시하고, 탭하면 1년 중 오늘이 며칠째인지, 올해는 며칠이 남았는지를 표시하는 간단한 상호작용 기능을 제공하는 워치페이스를 만들어본다.

10장의 코드는 깃허브에 공개되어 있다(https://github.com/siddii/mastering-android-wear/tree/master/Chapter_10).[1] 본문엔 코드의 중요한 부분만 수록했으니, 전체 코드는 깃허브에서 확인해보기 바란다.

시각 알려주기

지금까지 우린 웨어러블 디바이스를 주로 스마트워치라는 관점에서 접근해왔다. 하지만 스마트워치도 결국은 시계이므로 시각을 알려줘야 한다. 시각을 알려주지 못하는 스마트워치는 마치 GPS와 최신 기능을 탑재했지만 제대로 물에 뜨지 않는 값비싼 요트라고 할 수 있을 것이다. 혹은 전화기 기능을 제대로 수행하지 못하는 스마트폰을 떠올려볼 수도 있겠다(그런데 이런 스마트폰들이 있지 않았나?).

워치페이스란?

워치페이스는 사용자가 현재 시각을 확인할 수 있도록 시계 등의 웨어러블 디바이스에 시각을 표시하는 디지털 디스플레이를 가리킨다.

전통적인 시계와 달리 웨어러블 기기는 내부 메모리와 페어링된 핸드헬드 디바이스가 허용하는 범위 안에서 여러 가지 다양한 기능을 제공한다. 따라서 워치페이스를 만들다 보면 시각 표시, 날짜 표시, 이중 시각 표시, 알람 표시 등 여러 기능을 제공하는 복잡한 소프트웨어를 만들어야 하는 경우도 생긴다.

워치페이스는 교체할 수 있는 컴포넌트다. 사용자는 몇 번이고 맘에 드는 워치페이스로 교체할 수 있다. 각각의 워치페이스는 스타일, 모양, 표시하는 데이터가 다르며, 안드로이드 웨어 동반 앱의 형태로 제공된다. 사용자가 설치된 워치페이스 중 하나를

---

1 한국어 깃허브 저장소 주소는 https://github.com/master-android-wear-kor/mastering-android-wear/tree/master/Chapter_10이다. – 옮긴이

웨어러블 디바이스나 동반 앱에서 선택하면, 웨어러블 디바이스는 워치페이스가 적용된 화면을 보여주고, 사용자는 세부 설정을 변경할 수 있다. 맘에 드는 워치페이스가 없다면 직접 만들면 된다. 다음 절에서 워치페이스를 만들다 보면 어떤 방식으로 워치페이스를 만들어야 할지 감을 잡게 될 것이다. 우선 워치페이스의 디자인 고려사항을 살펴보고, 워치페이스를 만들 때 사용할 웨어 API 클래스를 알아본다.

디자인 고려사항

안드로이드 웨어가 제공하는 주목을 끄는 색상, 동적으로 바뀌는 배경, 애니메이션 효과, 데이터 통합 기능 등의 다양한 특성은 여러분이 워치페이스를 디자인하는 데 많은 도움을 준다. 하지만 디자인을 할 땐 API 외에도 고려해야 할 사항이 있다. 다음은 안드로이드 개발 커뮤니티에서 자주 언급되는 내용이다.

- 사용자에게 보여줄 내용을 워치페이스에 어떻게 표시할지 고민해야 한다. 너무 많은 정보를 표시하면 어수선해지기만 한다.
- 워치페이스는 원형, 사각 디바이스 모두에서 제대로 동작해야 한다.
- 대기 모드 ambient mode를 적절히 구현해야 한다. 대기 모드를 적절히 구현했다면 대기 상태에서 디바이스의 배터리를 절약할 수 있다.
- 시각 표시를 방해하지 않으면서도 알림 카드 등의 UI를 표시해야 한다.
- 상황에 맞는 정보를 동반 핸드헬드 디바이스를 통해 제공받아 표시한다면 워치 페이스의 사용자 경험을 더 풍부하게 만들 수 있다. 이 경우, 날씨 정보 조회 같은 서드파티와의 연동, 많은 연산이 필요한 작업들은 모두 웨어러블 앱이 아닌 동반 핸드헬드 앱에서 실행돼야 한다.

또한 사용자가 직접 워치페이스를 설정할 수 있도록 설정 기능을 제공하면 좋다.

안드로이드 개발자 사이트에서 '안드로이드 웨어의 워치 페이스' 부분의 디자인 가이드도 읽어보기 바란다(https://developer.android.com/design/wear/watchfaces.html).

구현 고려사항

배경 이미지를 생각해보자. 대화 모드^{interactive mode}와 대기 모드의 배경 이미지를 다르게 적용할 수 있다. 디바이스가 이미지보다 해상도가 낮다면 저해상도 이미지로 스케일 다운해서 사용해야 한다. 스케일 다운 작업은 한 번만 수행하면 된다.

상황에 따른 데이터는 필요한 시점에만 가져와야 하고, 워치페이스가 정보를 표시할 때 재사용할 수 있게 저장해둬야 한다.

대기 모드에선 워치페이스를 가능한 한 단순하게 구성해서 배터리를 적게 소모해야 한다. 이를 위해 사용하는 색의 수를 제한하고, 검정색 배경을 사용하고, 외곽선만 표시하는 등의 방법을 활용한다.

워치페이스 서비스

워치페이스는 웨어러블 앱 내부에 정의된 안드로이드 서비스로 제공된다. 이미 알고 있듯이, 웨어러블 앱은 핸드헬드 앱에 포함되어 패키징된다. 사용자가 워치페이스를 가진 웨어러블 앱을 포함하고 있는 핸드헬드 앱을 설치하면, 설치한 앱에 포함된 워치페이스가 웨어러블 디바이스의 워치페이스 피커에 표시되어 사용자가 선택할 수 있게 된다. 또한 핸드헬드 디바이스에 설치된 안드로이드 웨어 앱에서도 워치페이스를 선택할 수 있다. 핸드헬드 디바이스나 웨어러블의 피커를 통해 워치페이스를 선택하면, 선택된 워치페이스가 웨어러블 디바이스에 표시되고, 워치페이스의 생명주기에 맞춰 서비스 콜백 메소드가 호출된다.

워치페이스를 구현하려면, `android.support.wearable.watchface` 패키지로 제공되는 웨어러블 서포트 라이브러리의 클래스를 확장해야 한다. 워치페이스가 활성화되면, 시각의 변경, 배경 모드로 전환, 알림 도착 등의 이벤트가 발생할 때 서비스의 메소드가 호출된다. 개발자는 이벤트 처리 메소드를 구현해서 워치페이스에 새로운 시각 정보, 알림, 기타 이벤트 관련 정보를 표시해야 한다. 구현해야 할 워치페이스 서비스의 주요 메소드는 다음과 같다.

- onCreate
- onPropertiesChanged
- onTimeTick
- onAmbientModeChanged
- onDraw
- onVisibilityChanged

워치페이스 서비스 클래스에 대해 더 자세히 알고 싶다면 웨어러블 서포트 라이브러리의 문서(https://developer.android.com/reference/android/support/wearable/watchface/package-summary.html)를 참고하기 바란다.

워치페이스 서비스는 웨어러블 앱의 매니페스트 파일(AndroidManifest.xml)에 선언해야 한다. 이렇게 해야 사용자가 앱을 설치했을 때 안드로이드 웨어 앱과 워치페이스 피커가 새로 추가된 워치페이스를 인식한다.

상호작용하는 워치페이스

워치페이스는 제한된 기능 범위 안에서 사용자와 상호작용할 수 있다. 워치페이스는 특정 위치의 탭을 인식할 수 있다. 이 경우 탭 동작을 인식하는 다른 UI 요소와 겹치지 않아야 한다. 다음 절에서 다룰 예제 코드에선 워치페이스를 탭하면 오늘이 올해 중 며칠째인지, 그리고 올해는 며칠이 남았는지 표시하는 기능을 제공한다.

탭 이벤트를 받기 위해선 WatchFaceService.Engine 클래스의 setWatchFaceStyle 메소드에서 설정을 해야 한다. 다음 코드와 같이 설정하면, 앱은 시스템에게 워치페이스가 탭 이벤트를 받을 것이라고 알려준다.

```
setWatchFaceStyle(new WatchFaceStyle.Builder(mService)
    .setAcceptsTapEvents(true)

    // 기타 스타일 설정
    .build());
```

성능 고려사항

워치페이스는 항상 실행되고 있기 때문에 배터리 소모에 유의해야 한다. 다음은 워치페이스의 개발과 관련해 웨어 개발 커뮤니티에서 권장하는 내용이다.

- 워치페이스가 화면에 보이는 상태에서만 동작을 하도록 만들자. 화면에 보이는 상태인지 여부는 WatchFaceService.Engine의 onVisibilityChanged와 isVisible 메소드를 이용해 판단할 수 있다.

- WearableListenerService는 워치페이스가 화면에 보이지 않을 경우에도 실행되기 때문에, 이벤트 리스너가 필요할 경우엔 WearableListenerService 대신 DataApi.addListener를 사용하자.

- 웨어러블 앱이 실제 사용하는 전력량을 모니터링하자. 안드로이드 웨어 앱을 이용하면 웨어러블 디바이스의 각 프로세스가 소비한 전력량을 확인할 수 있다.

- 애니메이션을 사용할 경우엔 가급적 낮은 프레임 레이트를 사용하자. 초당 30프레임 정도면 충분히 부드럽게 보인다. 애니메이션은 가급적 적게 써야 하고, 애니메이션이 실행된 후 다음 애니메이션이 실행되기 전까지 가급적 CPU가 대기 상태를 유지하게 한다. CPU가 대기 상태일 경우 배터리 사용량은 크게 줄어든다.

- 비트맵 개수를 적게 유지하자. 가능하다면 작은 비트맵 여러 개를 조합해서 하나의 비트맵으로 만들어 비트맵의 개수를 줄이자. 화면에 그리는 그래픽 자원의 개수가 줄면 전력 소비도 줄어든다.

- Engine.onDraw 메소드에선 그리기 작업만 하자. 리소스 로딩, 이미지 크기 변경, 그리기 외의 연산 등은 onDraw 외의 메소드에서 수행하자. onCreate 메소드에서 이런 작업을 수행하는 방법도 있다.

▌ 워치페이스 만들기

주요 개념은 살펴봤으니, 이제 워치페이스를 만들어보자. 이번 절에선 시, 분, 초를 표시하는 간단한 워치페이스를 만들어본다. 그리고 워치페이스를 탭하면 올해가 며칠이나 지났는지를 표시한다. 이 상태에서 다시 탭을 하면 올해의 남은 날짜 수를 표시한다.

세부 절에선 CanvasWatchFaceService 클래스를 확장한 WatchFaceService 클래스를 만들고, 이 클래스에서 예제 애플리케이션과 관련된 이벤트 핸들링 메소드를 오버라이드해서 작성해본다.

안드로이드 매니페스트 파일

우선 TodayWatchFaceService 서비스와 WatchFaceConfigActivity 액티비티를 선언한다. 이 액티비티는 워치의 배경색을 설정하는 역할을 한다.

```
<!-- 커스텀 워치페이스로 동작하기 위해 필요함 -->
<uses-permission android:name="android.permission.WAKE_LOCK" />

<service
    android:name=".TodayWatchFaceService"
    android:label="@string/digital_name"
    android:permission="android.permission.BIND_WALLPAPER" >

    <meta-data
        android:name="android.service.wallpaper"
```

```xml
                android:resource="@xml/watch_face" />

        <meta-data
            android:name="com.google.android.wearable.watchface.preview"
            android:resource="@drawable/preview_digital" />

        <meta-data
            android:name="com.google.android.wearable.watchface.preview_circular"
            android:resource="@drawable/preview_digital_circular" />

        <meta-data
            android:name=
                "com.google.android.wearable.watchface.companionConfigurationAction"
            android:value="com.siddique.androidwear.today.CONFIG_DIGITAL" />

        <meta-data
            android:name=
                "com.google.android.wearable.watchface.wearableConfigurationAction"
            android:value="com.siddique.androidwear.today.CONFIG_DIGITAL" />

        <intent-filter>
            <action android:name="android.service.wallpaper.WallpaperService" />
            <category
                android:name="com.google.android.wearable.watchface.category.WATCH_FACE" />
        </intent-filter>
    </service>

    <activity
        android:name=".WatchFaceConfigActivity"
        android:label="@string/digital_config_name" >
        <intent-filter>
            <action android:name="com.siddique.androidwear.today.CONFIG_DIGITAL" />
            <category android:name=
                "com.google.android.wearable.watchface.category.WEARABLE_CONFIGURATION" />
            <category android:name="android.intent.category.DEFAULT" />
        </intent-filter>
    </activity>
```

TodayWatchFace 서비스

TodayWatchFaceService 클래스의 구현을 살펴보기 전에, 샘플 코드를 실행해서 어떻게 동작하는지 먼저 살펴보자.

참고로 디바이스 화면을 길게 누르면 설치된 워치페이스가 표시된다.

워치페이스 이름 밑의 톱니바퀴 아이콘을 누르면 WatchFaceConfigActivity 액티비티가 실행된다. 그 이유는 우리가 WatchFace 요소를 선언할 때 이 액티비티를 환경설정 액티비티로 지정했기 때문이다. 이제 우리가 만든 워치페이스를 선택해보자. 그럼 다음과 같은 화면이 나온다. 이 워치페이스는 요일과 날짜, 시각을 표시하고, 콜론 마크가 깜빡인다.

워치페이스를 탭하면, 다음 그림과 같이 오늘이 올해 중 며칠째인지 표시한다.

한 번 더 탭하면 다음 그림과 같이 올해 남은 날짜를 표시한다.

다시 탭하면 원래 화면으로 돌아온다.

TodayWatchFaceService 클래스

레이아웃 설정하기, 설정 값 읽어오기, 매초 UI 갱신하기 등 워치페이스와 관련된 온갖 작업은 모두 TodayWatchFaceService 클래스가 담당한다. 700줄이 넘는 코드를 한 줄 한 줄 다루긴 어렵기 때문에 중요 부분만을 발췌해서 살펴보겠다.

```
public class TodayWatchFaceService extends CanvasWatchFaceService {

    @Override
    public Engine onCreateEngine() {
        return new Engine();
    }

    private class Engine extends CanvasWatchFaceService.Engine implements
        DataApi.DataListener, GoogleApiClient.ConnectionCallbacks,
        GoogleApiClient.OnConnectionFailedListener {
        ...
    }
}
```

 다른 장과 마찬가지로, 10장의 예제 코드도 10장 앞부분에서 언급한 깃허브 저장소에 모두 올라와 있다. 서비스 코드의 동작을 이해하고 싶다면 먼저 깃허브의 소스 코드를 참고하기 바란다.

onTimeTick 메소드

onTimeTick 메소드는 초가 바뀔 때마다 호출된다. 이 메소드는 UI를 갱신하기 위해 invalidate 메소드를 호출하고, 이 메소드는 다시 onDraw 메소드를 호출한다. 그 결과 UI는 일반 모드에선 500밀리초마다, 대기 모드^{ambient mode}와 무음 모드^{mute mode}에선 1분마다 다시 그려진다.

```java
@Override
public void onTimeTick() {
    super.onTimeTick();
    if (Log.isLoggable(TAG, Log.DEBUG)) {
        Log.d(TAG, "onTimeTick: ambient = " + isInAmbientMode());
    }
    invalidate();
}
```

▌워치페이스 그리기

onDraw() 메소드는 필요한 정보들을 활용해 워치페이스를 그린다. 주석을 잘 읽다 보면 다음 코드를 이해할 수 있을 것이다.

```java
@Override
public void onDraw(Canvas canvas, Rect bounds) {
    long now = System.currentTimeMillis();
    mCalendar.setTimeInMillis(now);
    mDate.setTime(now);
    boolean is24Hour = DateFormat.is24HourFormat(TodayWatchFaceService.this);

    // 시각을 갱신할 때, 1초의 앞 0.5초일 경우 콜론을 보여준다.
    mShouldDrawColons = (System.currentTimeMillis() % 1000) < 500;

    // 배경을 그린다.
    canvas.drawRect(0, 0, bounds.width(), bounds.height(), mBackgroundPaint);

    // 시간을 그린다.
    float x = mXOffset;
    String hourString;
    if (is24Hour) {
        hourString = formatTwoDigitNumber(mCalendar.get(Calendar.HOUR_OF_DAY));
    } else {
```

```
        int hour = mCalendar.get(Calendar.HOUR);
        if (hour == 0) {
            hour = 12;
        }
        hourString = String.valueOf(hour);
    }
    canvas.drawText(hourString, x, mYOffset, mHourPaint);
    x += mHourPaint.measureText(hourString);


    // 대기 모드와 무음 모드에선 항상 첫 번째 콜론을 그린다.
    // 그 외의 경우엔 1초의 앞 0.5초에만 콜론을 그린다.
    if (isInAmbientMode() || mMute || mShouldDrawColons) {
        canvas.drawText(COLON_STRING, x, mYOffset, mColonPaint);
    }
    x += mColonWidth;


    // 분을 그린다.
    String minuteString = formatTwoDigitNumber(mCalendar.get(Calendar.MINUTE));
    canvas.drawText(minuteString, x, mYOffset, mMinutePaint);
    x += mMinutePaint.measureText(minuteString);


    // 뮤트되지 않은 대화 모드에선, 두 번째 콜론을 그리고 초를 그린다.
    // 그 외의 모드에선 12시 시각 표시 모드일 경우 AM/PM 표시를 그린다.
    if (!isInAmbientMode() && !mMute) {
        if (mShouldDrawColons) {
            canvas.drawText(COLON_STRING, x, mYOffset, mColonPaint);
        }
        x += mColonWidth;
        canvas.drawText(formatTwoDigitNumber(
            mCalendar.get(Calendar.SECOND)), x, mYOffset, mSecondPaint);
    } else if (!is24Hour) {
        x += mColonWidth;
        canvas.drawText(getAmPmString(
            mCalendar.get(Calendar.AM_PM)), x, mYOffset, mAmPmPaint);
    }


    // 대기 모드에서 카드와 겹쳐 보이지 않도록, 보여줄 카드가 없을 때만 요일과 날짜를 그린다.
    if (getPeekCardPosition().isEmpty()) {
        if (tapCount == 0) {
```

```
        // 요일
        canvas.drawText(
            mDayOfWeekFormat.format(mDate),
            mXOffset, mYOffset + mLineHeight, mDatePaint);
        canvas.drawText(
            mDateFormat.format(mDate),
            mXOffset, mYOffset + mLineHeight * 2, mDatePaint);
    } else if (tapCount == 1) {
        // 1년 중 몇 번째 날인지
        canvas.drawText(
            "Day of year",
            mXOffset, mYOffset + mLineHeight, mDatePaint);
        cavas.drawText(
            Integer.toString(TodayUtil.getDayOfYear()),
            mXOffset, mYOffset + mLineHeight * 2, mDatePaint);
    } else if (tapCount == 2) {
        // 1년 중 남은 날짜
        canvas.drawText(
            "Days left in year",
            mXOffset, mYOffset + mLineHeight, mDatePaint);
        canvas.drawText(
            Integer.toString(TodayUtil.getDaysLeftInYear()),
            mXOffset, mYOffset + mLineHeight * 2, mDatePaint);
    }
    }
}
```

▌ 대기 모드

대화 모드와 달리 대기 모드는 에너지 절약 모드다. 다이얼을 돌리는 등 특정 동작을
취하면 대기 모드에 진입한다. 대기 모드에 진입하는 동작은 워치의 모델과 사용자
설정에 따라 다를 수 있다.

샘플 앱 자체가 너무 간단해서 대화 모드와 대기 모드의 모양이 거의 비슷해 보이지만, 대화 모드와 달리 대기 모드에선 초를 표시하지 않고, 콜론 구분자도 깜빡이지 않는다.

다음은 대화 모드와 대기 모드가 서로 전환될 때 호출되는 리스너 메소드의 내용이다.

```
@Override
public void onAmbientModeChanged(boolean inAmbientMode) {
    super.onAmbientModeChanged(inAmbientMode);
    if (Log.isLoggable(TAG, Log.DEBUG)) {
        Log.d(TAG, "onAmbientModeChanged: " + inAmbientMode);
    }
    adjustPaintColorToCurrentMode(mBackgroundPaint, mInteractiveBackgroundColor,
        WatchFaceUtil.COLOR_VALUE_DEFAULT_AND_AMBIENT_BACKGROUND);
    adjustPaintColorToCurrentMode(mHourPaint, mInteractiveHourDigitsColor,
        WatchFaceUtil.COLOR_VALUE_DEFAULT_AND_AMBIENT_HOUR_DIGITS);
    adjustPaintColorToCurrentMode(mMinutePaint, mInteractiveMinuteDigitsColor,
        WatchFaceUtil.COLOR_VALUE_DEFAULT_AND_AMBIENT_MINUTE_DIGITS);

    // 대기 모드에선 초를 표시하지 않기 때문에, 대기 모드용 색상은 아무 값이나 넘겨도 되긴 함
    adjustPaintColorToCurrentMode(mSecondPaint, mInteractiveSecondDigitsColor,
        WatchFaceUtil.COLOR_VALUE_DEFAULT_AND_AMBIENT_SECOND_DIGITS);
```

```
if (mLowBitAmbient) {
    boolean antiAlias = !inAmbientMode;
    mDatePaint.setAntiAlias(antiAlias);
    mHourPaint.setAntiAlias(antiAlias);
    mMinutePaint.setAntiAlias(antiAlias);
    mSecondPaint.setAntiAlias(antiAlias);
    mAmPmPaint.setAntiAlias(antiAlias);
    mColonPaint.setAntiAlias(antiAlias);
}
invalidate();

// 화면 표시 여부와 대기 모드 여부에 따라 타이머를 실행할지 결정해야 하기 때문에,
// 타이머를 시작하거나 멈춘다.
updateTimer();
}
```

█ 워치페이스 커스터마이징

예제 코드가 너무 복잡해지지 않는 선에서 설정 기능을 제공하기 위해, 사용자가 단색의 배경색을 선택하는 기능만을 제공하기로 한다. 워치페이스 설정 화면의 톱니바퀴 아이콘을 누르면 다음과 같이 배경색 선택 화면이 표시된다.

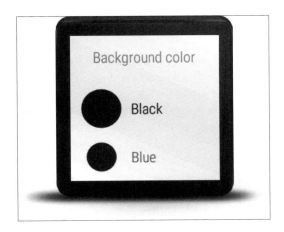

WatchFaceConfigActivity 클래스

WatchFaceConfigActivity 클래스는 배경색을 선택할 수 있는 간단한 색상 피커를 표시한다.

```
public class WatchFaceConfigActivity extends Activity implements
    WearableListView.ClickListener, WearableListView.OnScrollListener {

    @Override
    protected void onCreate(Bundle savedInstanceState) {
        super.onCreate(savedInstanceState);
        setContentView(R.layout.activity_digital_config);

        mHeader = (TextView) findViewById(R.id.header);
        WearableListView listView =
            (WearableListView) findViewById(R.id.color_picker);
        BoxInsetLayout content = (BoxInsetLayout) findViewById(R.id.content);
    }
}
```

다음은 군청색 배경색을 선택했을 경우의 스크린샷이다.

10장에서 공부한 수준으론 워치페이스의 디자인과 개발에 발만 살짝 담가본 정도에 지나지 않지만, 이 샘플 코드를 통해 여러분이 워치페이스 개발에 대한 흥미를 느꼈길 바란다. 워치페이스엔 할 일 개수, 날씨 정보 등 상황에 맞는 다양하고도 창의적인 정보를 표시할 수 있다. 다른 모든 공부와 마찬가지로, 지금까지 살펴본 내용은 이제 시작에 불과하다.

▌ 요약

10장에선 워치페이스의 개념과 디자인, 구현, 성능 고려사항을 알아봤다. 그리고 `WatchFaceService.Engine` 클래스를 살펴보고, 간단한 대화형 워치페이스를 구현했다. 마지막으로, 자주 활용되는 API 클래스와 주요 개념을 알아봤다.

11

심화 기능

"인간은 꿈을 꿀 때 천재가 된다."

– 구로사와 아키라

11장에선 항상 실행^{always on} 모드와 관련된 디자인 고려사항과 관련 API를 소개한다. 항상 실행 모드로 실행되는 액티비티도 직접 만들어본다. 이어서 블루투스 연결을 이용해 웨어 앱을 디버깅하는 방법을 알아본다. 마지막으로, 안드로이드 웨어 2.0을 살펴본다.

11장의 코드는 깃허브에 공개되어 있다(https://github.com/siddii/mastering-android-wear/tree/master/Chapter_11).[1] 본문엔 코드의 중요한 부분만 수록했으니, 전체 코드는 깃허브에서 확인해보기 바란다.

▌ 워치를 계속 켜두기

10장에선 워치페이스가 대화 모드에서 실행되기 시작한다고 언급했다. 화면이 꺼지고 디바이스가 전력을 절약하는 대기 모드에 진입해도 워치페이스는 계속 실행된다.

사용자가 시각을 알고 싶을 때 시계는 바로 정보를 보여줘야 하기 때문에 워치페이스는 항상 켜짐always on 기능을 태생적으로 제공해야 한다. 하지만 모든 앱이 항상 켜짐 기능을 가질 필요는 없다. 우리가 만든 Todo 앱이나 Step counter 앱의 경우엔 앱 화면을 켜두고 시간이 지나면 화면이 꺼지며 워치페이스가 표시된다. 앱 화면을 다시 보고 싶다면, 웨어러블 디바이스를 대기 모드에서 다시 대화 모드로 깨워야 한다. 이 경우엔 마지막으로 보고 있던 앱이나 액티비티가 다시 표시된다. 하지만 이런 시나리오가 사용자에게 불만을 야기하는 경우도 있을 수 있다.

다행히 안드로이드 5.1 이상의 디바이스에선 전력을 적게 소모하면서 웨어 앱을 실행할 수 있는 안드로이드 웨어 API를 제공한다. 이런 디바이스에선 전력을 적게 사용하면서도 앱이 포그라운드 상태를 유지할 수 있다. 또한 대기 모드에서 정보를 표시하도록 개발할 수도 있다. 이렇게 개발한 앱은 결과적으로 항상 실행되는 상태를 유지한다.

---

[1] 한국어 깃허브 저장소 주소는 https://github.com/master-android-wear-kor/mastering-android-wear/tree/master/Chapter_11이다. – 옮긴이

항상 표시 상태 앱 만들기

웨어러블 앱에 대기 모드를 적용하려면 다음 내용을 고려해야 한다.

- 대기 모드 지원 액티비티를 제공하려면 안드로이드 5.1 이상 SDK를 설치해야 한다. 더 자세한 내용은 2장의 '안드로이드 SDK 패키지' 절을 참고한다.

- 매니페스트의 targetSdkVersion을 22(안드로이드 5.1) 이상으로 설정해야한다.

- 5.1 이하 버전도 지원하려면 minSdkVersion을 22 미만으로 설정해야 한다. 이 경우, 구 버전에서 대기 모드 지원 액티비티에 접근하면 액티비티는 종료되어 홈 화면으로 돌아간다.

- 대기 모드 지원 액티비티는 WearableActivity 클래스를 확장해서 대기 모드 관련 메소드를 상속받아야 한다.

- 액티비티의 onCreate( ) 메소드에서 setAmbientEnabled( ) 메소드를 호출해야 한다.

- 대화 모드와 대기 모드가 전환될 때 어떤 변경이 일어나고, 어떤 리스너가 호출되는지 알고 있어야 한다. 다음 페이지의 그림을 참고하기 바란다.

- 대기 모드에선 배터리를 적게 사용하기 위해 단순한 레이아웃을 사용하고, 컬러도 적게 사용하도록 UI를 변경해야 한다.

- 대화 모드와 대기 모드의 레이아웃이 일관성을 갖도록 UI 레이아웃을 구성해야 한다.

- 대기 모드에선 화면을 너무 자주 갱신하지 않아야 한다. 대기 모드에선 배터리 절약이 최우선임을 명심해야 한다. 액티비티 UI를 10초보다 더 자주 갱신할 경우 배터리를 많이 소모하게 된다. 지도나 운동 앱처럼 화면을 자주 갱신해야 한다면, AlarmManager API 사용을 고려해보기 바란다(https://developer.android.com/reference/android/app/AlarmManager.html).

안드로이드 5.1(API 22) 이하 디바이스는 항상 켜짐 모드 API를 제공하지 않는다. 하지만 이런 기기에서도 앱은 문제없이 실행돼야 하므로 minSdkVersion은 20 이상으로 지정해야 한다.

다음 그림은 대화 모드와 대기 모드가 전환될 때 호출되는 메소드를 보여준다.

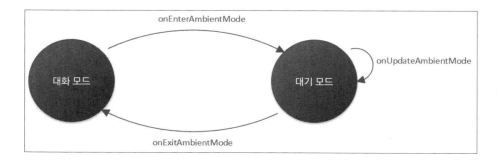

항상 실행 중인 걸음 수 측정기

이제 7장에서 만들었던 Step counter 앱이 항상 표시 상태로 동작하도록 만들어보자.

안드로이드 매니페스트 파일

우선 AndroidManifest.xml을 수정해서 StepCounterActivity 클래스의 launchMode를 singleInstance로 설정하자. 이 설정은 대기 모드에서 화면을 1분보다 더 자주 갱신하기 위해 필요하다. 이렇게 해야 AlarmManager 클래스가 액티비티를 여는 인텐트를 실행할 때 매번 새 액티비티를 만들지 않고 기존 액티비티를 갱신한다. 다음은 코드의 일부다.

```
<activity
    android:name=".StepCounterActivity"
    android:label="@string/daily_step_count_title"
    android:launchMode="singleInstance"
/>
```

앱을 실행하면, 배경 이미지와 함께 디바이스가 부팅된 이후 측정된 걸음 수가 표시
된다.

StepCounterActivity 클래스

이 액티비티는 걸음 수 측정기의 작업 대부분을 담당한다. 이번엔 onCreate() 메소드
에 setAmbientEnabled() 메소드를 호출하는 코드를 추가하자. 이때 메소드의 인자
값으론 true를 전달한다. refreshDisplayAndSetNextUpdate() 메소드도 만들었는데,
이 메소드는 onCreate(), onEnterAmbient(), onUpdateAmbient() 메소드에서 호출
한다. isAmbient() 메소드는 대기 모드의 화면 갱신주기를 써야 할지, 대화 모드의
화면 갱신주기를 써야 할지 결정할 때 활용한다. 대기 모드에선 배경을 검정색으로
칠해 배경 사진을 없애고, 데이터는 흰색으로 표시한다. 검정색을 많이 쓰고 흰색을
적게 쓰면 배터리를 적게 소모한다.

다음 코드는 StepCounterActivity의 내용이다.

```
public class StepCounterActivity extends WearableActivity implements
    SensorEventListener {

    private SensorManager mSensorManager;
    private Sensor mSensor;

    // 마지막 부팅 이후 측정된 걸음 수
    private int mSteps = 0;

    private static final String TAG = StepCounterActivity.class.getName();

    private BoxInsetLayout stepCounterLayout;
    private CardFrame cardFrame;
    private TextView title, desc;

    private AlarmManager mAmbientStateAlarmManager;
    private PendingIntent mAmbientStatePendingIntent;

    /**
     * 대화 모드에서 사용하는 커스텀 핸들러. 메모리 누수를 막기 위해 정적 클래스로 선언한다.
     */
    private final Handler mActiveModeUpdateHandler = new UpdateHandler(this);

    /** 핸들러에 전달하는 메시지의 'what' 값 */
    private static final int MSG_UPDATE_SCREEN = 0;

    /** 상태별 업데이트 주기. 단위는 밀리초 */
    private static final long ACTIVE_INTERVAL_MS =
        TimeUnit.SECONDS.toMillis(1);
    private static final long AMBIENT_INTERVAL_MS =
        TimeUnit.SECONDS.toMillis(20);

    @Override
    protected void onCreate(Bundle savedInstanceState) {
        super.onCreate(savedInstanceState);
        setContentView(R.layout.activity_daily_step_counter);
```

```
        mSensorManager =
            (SensorManager) getSystemService(Context.SENSOR_SERVICE);
        mSensor = mSensorManager.getDefaultSensor(Sensor.TYPE_STEP_COUNTER);

        setAmbientEnabled();

        mAmbientStateAlarmManager =
            (AlarmManager) getSystemService(Context.ALARM_SERVICE);
        Intent ambientStateIntent =
            new Intent(getApplicationContext(), DailyTotalActivity.class);

        mAmbientStatePendingIntent = PendingIntent.getActivity(
            getApplicationContext(),
            0 /* 요청 코드 */,
            ambientStateIntent,
            PendingIntent.FLAG_UPDATE_CURRENT);

        stepCounterLayout = (BoxInsetLayout) findViewById(R.id.step_counter_layout);
        cardFrame = (CardFrame) findViewById(R.id.step_counter_card_frame);
        title = (TextView) findViewById(R.id.daily_step_count_title);
        desc = (TextView) findViewById(R.id.daily_step_count_desc);

        refreshDisplayAndSetNextUpdate();
}

/**
 * 데이터를 읽고 화면을 갱신한다. 또한 다음 갱신을 위한 준비 작업을 한다.
 * (대화 모드에선 핸들러에 메시지 등록, 대기 모드에선 알람 등록)
 */
private void refreshDisplayAndSetNextUpdate() {
    Log.i(TAG, "Refresh display and set next update ");
    refreshStepCount();

    long timeMs = System.currentTimeMillis();

    if (isAmbient()) {
        /** 모드에 따른 다음 갱신 시각을 계산 */
        long delayMs =
            AMBIENT_INTERVAL_MS - (timeMs % AMBIENT_INTERVAL_MS);
```

```
            long triggerTimeMs = timeMs + delayMs;

            /**
             * 참고: 매니페스트에서 액티비티의 실행 모드를 singleInstance로 설정해야 한다.
             * 이렇게 설정하지 않으면 매번 알람이 활성화될 때마다 AlarmManager가 보낸 인텐트는
             * 기존 액티비티를 사용하지 않고 새로운 액티비티를 만든다.
             */
            mAmbientStateAlarmManager.setExact(
                AlarmManager.RTC_WAKEUP,
                triggerTimeMs,
                mAmbientStatePendingIntent);

        } else {
            /** 모드에 따른 다음 갱신 시각을 계산 */
            long delayMs = ACTIVE_INTERVAL_MS - (timeMs % ACTIVE_INTERVAL_MS);

            mActiveModeUpdateHandler.removeMessages(MSG_UPDATE_SCREEN);
            mActiveModeUpdateHandler.sendEmptyMessageDelayed(
                MSG_UPDATE_SCREEN, delayMs);
        }
    }


/**
 * 대기 모드에서 사용할 UI를 준비한다.
 */
@Override
public void onEnterAmbient(Bundle ambientDetails) {
    Log.d(TAG, "onEnterAmbient()");
    super.onEnterAmbient(ambientDetails);

    /** 대기 모드에선 핸들러를 사용하지 않기 때문에 핸들러 큐를 정리한다. */
    mActiveModeUpdateHandler.removeMessages(MSG_UPDATE_SCREEN);

    /**
     * 워치페이스 API의 우수 실천 사례를 적용한다.
     * (대부분의 픽셀을 검정색으로 칠하기,
     * 가급적 흰색 픽셀로 채우는 영역을 갖지 않기, 흑백 색상만 사용하기,
     * 안티앨리어싱 사용하지 않기 등)
     */
```

```java
    stepCounterLayout.setBackgroundColor(Color.BLACK);
    cardFrame.setBackgroundColor(Color.BLACK);

    desc.setTextColor(Color.WHITE);
    desc.getPaint().setAntiAlias(false);

    title.setTextColor(Color.WHITE);
    title.getPaint().setAntiAlias(false);

    refreshDisplayAndSetNextUpdate();
}

@Override
public void onUpdateAmbient() {
    Log.d(TAG, "onUpdateAmbient()");
    super.onUpdateAmbient();

    refreshDisplayAndSetNextUpdate();
}

/**
 * 대화 모드에서 사용할 UI를 준비한다.
 */
@Override
public void onExitAmbient() {
    Log.d(TAG, "onExitAmbient()");
    super.onExitAmbient();

    /** 알람은 대기 모드에서만 사용하므로 초기화한다. */
    mAmbientStateAlarmManager.cancel(mAmbientStatePendingIntent);

    stepCounterLayout.setBackgroundResource(R.drawable.jogging);
    cardFrame.setBackgroundColor(Color.WHITE);

    desc.setTextColor(Color.BLACK);
    desc.getPaint().setAntiAlias(true);

    title.setTextColor(Color.BLACK);
    title.getPaint().setAntiAlias(true);
```

```
        refreshDisplayAndSetNextUpdate( );
    }
}
```

코드를 적용하면, 대기 모드에서 다음의 화면이 표시된다.

▋ 웨어러블 앱 디버깅

개발자에게 제공되는 도구 중 가장 유용하고도 중요한 도구라고 할 수 있는 디버거를
이용하면 웨어러블 디바이스에서 동작 중인 웨어러블 앱을 디버깅할 수 있다. 디버거
를 이용하면 개발 장비에서 웨어러블 앱으로 디버그 명령을 보낼 수 있고, 웨어러블
앱이 핸드헬드 장비로 전송한 디버그 출력 결과를 핸드헬드에 연결된 개발 장비에서
조회할 수 있다. 디버거를 붙이려면 환경 설정을 해야 한다. 장비들 간 연결은 일반적
으로 다음 그림과 같이 이뤄진다.

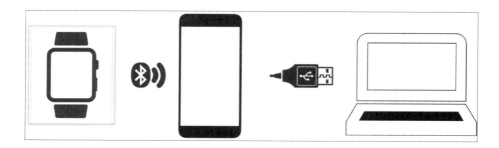

이런 연결 방식을 사용하면 개발 장비와 웨어러블 디바이스를 연결할 때 USB 연결이 필요하지 않다는 장점이 있다. 대신 블루투스 연결을 이용해 개발 장비에서 핸드헬드를 거쳐 웨어러블 디바이스로 코드를 배포하고 디버그 명령을 전송한다. 개발 도중엔 배포 작업을 반복해야 하는데, 이 경우 블루투스 연결 방식이 매우 유용하다. 블루투스를 사용하지 않았다면 수많은 연결 케이블 때문에 작업 환경이 매우 번잡스러웠을 것이다.

디바이스 설정

디버거를 쓰려면 핸드헬드 디바이스와 웨어러블 디바이스를 각각 설정해야 한다.

USB로 핸드헬드 앱 디버깅하기

핸드헬드 앱에서 디버거를 쓰려면 다음 단계를 실행한다.

1. 핸드헬드 디바이스의 Settings^{설정} 화면의 Developer options^{개발자 옵션}에서 USB 디버깅 옵션을 켠다.
2. Developer options^{개발자 옵션}을 찾아서 실행한다. 이 메뉴가 안 보인다면, About Phone^{디바이스 정보} 메뉴를 선택한 후, 빌드번호를 7번 눌러 Developer Options^{개발자 옵션}을 켠다.

3. 다음 그림과 같이 USB debugging^{USB 디버깅} 옵션을 활성화한다.

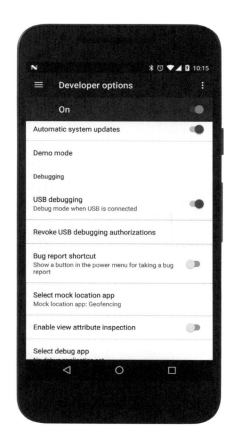

블루투스로 웨어러블 앱 디버깅하기

블루투스를 이용해 웨어러블 앱을 디버깅하려면 다음 단계를 실행한다.

1. 홈 화면을 두 번 탭해서 Wear^{웨어} 메뉴를 실행한다.

2. Settings^{설정} 화면을 실행한다.

3. Developer Options^{개발자 옵션}을 실행한다. 이 메뉴가 안 보인다면, About Phone ^{디바이스 정보} 메뉴를 선택한 후, 빌드번호를 7번 눌러 Developer Options^{개발자 옵션}을 켠다.

4. Debugging over Bluetooth^{블루투스 디버깅} 옵션을 활성화한다.

핸드헬드 앱에서 세션 설정하기

핸드헬드 앱에서 세션을 설정하려면 다음 단계를 실행한다.

1. 핸드헬드 디바이스에서 안드로이드 웨어 앱을 실행한다.
2. 화면 우상단의 Settings^{설정} 메뉴를 실행한다.

3. Debugging over Bluetooth^{블루투스 디버깅} 옵션을 활성화한다. 옵션 아래엔 다음
메시지가 표시된다.

```
Host: disconnected
Target: connected
```

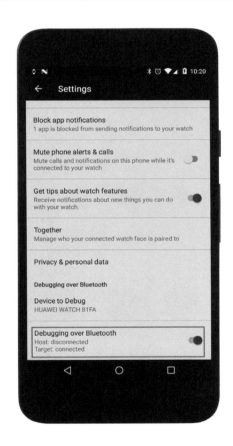

연결되지 않았다고 표시되는 이유는 아직 핸드헬드와 개발 장비를 연결하지 않았기
때문이다. 연결을 진행해보자.

USB 케이블을 이용해 핸드헬드 디바이스와 개발 장비를 연결한 후, 명령줄에 adb 명령을 입력한다. 여기선 4444 포트를 쓸 것인데, 남는 포트 중 아무거나 써도 상관없다.

```
adb forward tcp:4444 localabstract:/adb-hub
adb connect localhost:4444
```

연결을 하고 나면, 핸드헬드 안드로이드 앱의 Debugging over Bluetooth 블루투스 디버깅 옵션 아랫부분의 메시지가 다음과 같이 바뀐다.

```
Host: connected
Target: connected
```

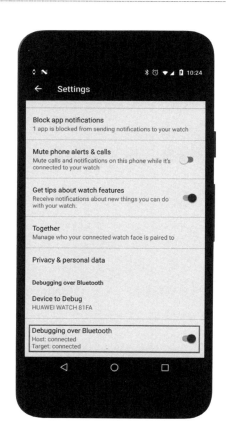

이제 웨어러블의 디버깅 세션 설정을 마쳤다. 연결이 잘 되었다면, 웨어러블 디바이스에 다음과 같은 알림이 보인다.

이제 디버그 명령어를 실행해 연결을 테스트해보자.

명령줄에서 **adb devices** 명령을 실행하면, localhost:4444에 웨어러블 디바이스가 연결됐다고 표시돼야 한다. 디버그 명령의 형식은 다음과 같다.

```
adb -s localhost:4444 <command>
```

예를 들면, 다음과 같다.

```
adb -s localhost:4444 shell
```

웨어러블 디바이스의 개발자 옵션에선 ADB debugging^{ADB 디버깅}과 Debug over Bluetooth^{블루투스 디버깅} 옵션이 활성화된 모습을 확인할 수 있다.

개발 장비, 핸드헬드 디바이스, 웨어러블 디바이스가 서로 연결된 상태이기 때문에, 안드로이드 스튜디오에서 블루투스 연결을 이용해 바로 웨어러블 앱을 설치하고 디버깅할 수 있다. 다음 그림과 같이 워치도 배포 대상 장비 목록에 표시된다.

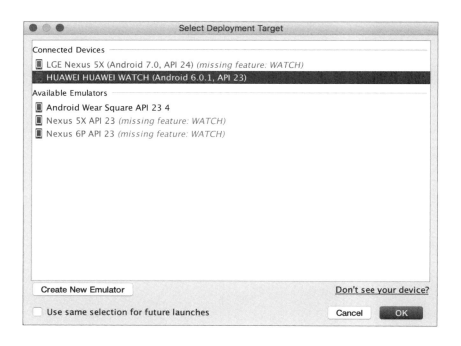

▌ 안드로이드 웨어 2.0 살펴보기

이 책을 쓰기 시작할 시점에 안드로이드 웨어 2.0은 구상 단계를 지나 설계 단계에 접어들었다.[2] 안드로이드 웨어 프리뷰 API는 아직 개발 중이고, 이 책의 첫 초안이 나올 때 즈음 발표될 예정이다. 2.0 API는 아직 개발 단계이지만, 관심 있는 개발자들은 프리뷰 API를 설치해서 실행해볼 수 있다.

이번 절에선 2.0 API의 주요 특징을 살펴보고, 이 책에서 다룬 내용들에 어떤 영향이 있는지 알아본다.

워치페이스 계기판

워치페이스를 다룰 때, 워치페이스는 탭과 같이 제한적인 사용자 상호작용을 갖고 있다고 소개했다. 안드로이드 2.0에선 워치페이스에 추가적인 정보를 표시할 수 있는 계기판complication이란 기능을 추가했다. 계기판은 디스플레이에 표시되는 시간 정보 외의 기능을 가리킨다. 버전 2.0의 워치페이스 계기판 API를 이용하면 워치페이스에 표시할 데이터를 손쉽게 가져올 수 있다. 배터리 잔량 표시, 날씨 정보 등의 데이터는 계기판 API를 통해 제공된다. 계기판 데이터 프로바이더는 이 데이터를 디스플레이에 표시하는 방법을 제어한다. 계기판 데이터 프로바이더 등으로부터 받은 데이터를 화면에 그리는 역할은 여전히 워치페이스가 담당한다.

내비게이션과 액션 드로어

안드로이드 웨어 2.0 API는 머티리얼 디자인에 기반을 두기 때문에 핵심 컴포넌트에서 세부 위젯에 이르기까지 다양한 부분에 디자인 원칙이 적용됐음을 확인할 수 있다.

9장에선 머티리얼 디자인을 소개하며 내비게이션 드로어와 액션 드로어를 다뤘다.

---

2 번역 시점엔 이미 정식 버전이 완성됐기 때문에 개발자 문서에서 최신 내용을 확인하기 바란다. – 옮긴이

안드로이드 웨어 2.0에선 이 위젯들에 머티리얼 디자인 개념을 더욱 적극적으로 반영했다.

드로어 미리보기 기능은 더욱 강화되어 사용자가 스크롤하면서도 드로어에 접근할 수 있다. 또한 WearableActionDrawer API의 미리보기 뷰에는 첫 번째 액션을 보여주는 기능이 추가됐고, 미리보기 뷰와 내비게이션 드로어 닫기 작업이 자동화됐다. 2.0에 새로 추가된 API를 이용하면 커스텀 드로어를 만들 수 있다.

확장 알림과 메시징 스타일 알림

안드로이드 웨어 2.0에선 알림과 알림을 이용한 시각적 상호작용을 크게 개선했다. 확장 알림^{expanded notification}은 좀 더 개선된 사용자 경험을 제공한다. 알림에 추가적인 내용과 액션을 설정하면, 확장 알림으로 사용자에게 표시된다. 각 확장 알림은 머티리얼 디자인 원칙을 준수한다. 사용자가 알림을 탭하면 확장 알림이 표시된다. 하지만 이 기능을 이용하려면 페어링된 동반 핸드헬드 앱으로부터 알림이 만들어져야 하고, Notification.contentIntent가 설정되지 않아야 한다.

2.0 버전은 Notification.MessagingStyle도 제공하는데, 이 클래스는 MessagingStyle 알림에 포함된 채팅 메시지를 사용해 알림을 구성한다. 새로운 기능을 이용하면 확장 알림을 이용해 일반 앱과 같은 향상된 사용자 경험을 제공할 수 있다.

입력 방식 프레임워크

안드로이드의 **입력 방식 프레임워크**^{IMF, Input Method Framework}는 시스템의 기본 IME나 서드파티 IME를 이용해 사용자가 텍스트를 입력할 수 있는 기능을 제공한다. 사용자는 키보드의 개별 키를 탭하거나, 제스처를 통해 입력할 수 있다. 안드로이드 웨어 2.0은 웨어러블 디바이스에도 IMF를 제공한다. 사용자는 설치된 IME 중 하나 이상의 IME를 선택해서 텍스트를 입력할 수 있다.

원격 입력과 스마트 답장

웨어 2.0의 원격 입력^{remote input} API를 이용하면 사용자는 다양한 입력 옵션 중 하나를 선택할 수 있다. 입력 옵션으로는 받아쓰기, 이모지^{emoji}, 스마트 답장^{smart reply}, 개발자가 미리 정의한 문구 목록, 기본 IME 등이 있다.

또한 개발자는 알림에 스마트 답장 기능을 적용할 수 있는데, 이 기능을 이용하면 사용자는 채팅 메시지 등을 빠르게 보낼 수 있다. 이런 기능은 확장 알림과 원격 입력 등에서 상황에 맞게 활용할 수 있다.

손목 제스처

손목을 가볍게 휘두르기만 해도 웨어러블 디바이스와 상호작용할 수 있다고 상상해 보자. 웨어 2.0에선 손목을 바깥쪽으로 비트는 동작^{flick out}과 안쪽으로 비트는 동작^{flick in}을 인식하는 API가 추가되어 이런 상상이 실현됐다. 한 손에 커피잔을 들고 있어 다른 한 손만 쓸 수 있는 상황에서 알림 목록을 스크롤하거나 긴 글을 읽어야 하는 상황이라면 이런 동작이 유용할 것이다.

손목 동작 기능은 Settings^{설정} > Gestures^{동작} > Wrist Gestures^{손목 동작} 메뉴에서 켜거나 끌 수 있다.

브리징 모드

기본적으로 알림은 핸드헬드 디바이스의 앱을 통해 웨어러블 디바이스로 공유(브리징)된다. 독립 실행형^{standalone} 웨어러블 앱이 동일한 알림을 만든다면, 독립 실행 웨어러블 앱과 핸드헬드 앱에서 만든 2개의 알림이 등록되어 사용자에게 짜증을 유발할 수 있다.

이 문제를 해결하기 위해 안드로이드 웨어 2.0은 **브리징 모드**^{bridging mode}라는 기능을 제공한다. 이 기능을 통해 독립 실행 웨어러블 앱은 매니페스트를 통해 핸드헬드의 동반 앱에게 알림 브리징을 켜거나 끄도록 명령할 수 있다. 또한 미리 선언해둔 삭제 ID를 이용해 디바이스 간 알림 삭제를 동기화하는 API도 제공한다.

독립 실행형 웨어러블

결국 이 기능이 생겼다. 동반 핸드헬드 앱이라는 설계 개념 덕분에 개발자는 효율적으로 자원을 활용하면서 앱을 개발할 수 있었다. 하지만 웨어러블 디바이스에 성능과 메모리를 집중하려는 시도가 진행되면서 동반 핸드헬드 디바이스에 대한 의존도를 줄이는 것이 가능해졌고, 동반 핸드헬드 디바이스가 완전히 필요 없는 경우도 생기게 됐다.

독립 실행형 디바이스는 동반 앱 없이도 웨어러블 앱을 실행할 수 있다. 지금과 같이 안드로이드 웨어용 앱을 동반 앱에 포함시키는 형태가 아닌 멀티 APK 배포 방식을 이용하면 개발자는 동반 앱과 별도로 안드로이드 웨어 앱을 배포할 수 있다.

 APK는 안드로이드 운영체제에서 앱을 설치할 때 사용하는 파일 형식이다. 이 내용은 12장에서 다룬다. 지금도 구글 플레이는 디바이스 환경별로 각기 다른 APK를 배포할 수 있는 멀티 APK 기능을 제공한다. 이 경우 각 APK는 구글 플레이상에서 동일한 패키지 이름을 갖는 하나의 앱으로 표시되지만, 실제로는 각기 다른 내용을 가진 앱들이다. 각 APK는 동일한 릴리스 키로 서명돼야 한다.

동반 핸드헬드 앱에서 독립적으로 실행된다는 것은 웨어러블 데이터 계층 API가 더 이상 필요하지 않다는 뜻이다. 안드로이드 웨어 앱은 네트워크 요청을 직접 실행할 수 있다. 또한 네트워크 자원에 직접 접근함에 따라 웨어 앱은 다음과 같은 새로운 인증 방식을 도입할 수 있게 됐다.

- 표준 구글 키보드를 이용한 텍스트 입력
- android.accounts.AccountManager API를 이용해 계정 데이터를 저장하고 동기화하기

▌ 요약

11장에선 웨어러블 디바이스가 대기 모드일 경우에도 앱이 실행되게 하는 방법을 알아봤다. 다음으로 7장에서 만든 Today 앱의 걸음 수 측정기 액티비티를 안드로이드 웨어 API를 사용해 대기 모드에서도 동작할 수 있게 만들었다. 마지막으로, 블루투스 연결을 이용해 웨어러블 앱을 디버깅하는 방법을 알아보고, 안드로이드 웨어 2.0의 변경점을 간단히 살펴봤다.

12

구글 플레이에 출시

"나는 남들의 한계는 나에겐 시작점에 불과하다고 믿어왔다."

– MC 해머 Hammer

테스트는 구글 플레이 스토어에 앱을 출시하기 전 수행해야 할 중요한 작업이다. 12장에선 안드로이드 웨어 앱 테스트의 중요성을 살펴보고, 테스트 지원 도구를 알아본다. 또한 UI 자동화 테스트 방법도 살펴본다. 마지막으로, 앱을 출시하는 방법을 단계별로 알아본다.

▌ 테스트

테스트를 하다 보면 테스트 코드가 테스트의 대상이 되는 코드만큼 중요하다는 사실을 깨닫게 된다. 테스트를 제대로 수행하지 않고 QA 팀도 무시했다간 반드시 대가를 치르게 된다. 테스트를 잘하기 위해선 알아야 할 내용이 많다. 관련 자료와 책도 많고, 다양한 방법론과 테스트 철학들이 발표됐다. 그중 **테스트 주도 개발**[TDD, Test-Driven Development]은 공부해둘 가치가 있는 주제다.

이런 내용들을 이 책에서 다루진 않는다. 12장에선 안드로이드 플랫폼이 제공하는 웨어 앱 개발과 관계있는 테스트 도구와 API를 살펴본다. 이제 본격적으로 공부를 시작해보자.

테스트의 필요성

테스트의 가장 중요한 목적은 애플리케이션 개발 생명주기상에서 가능한 한 일찍 문제를 발견하는 것이다. 코드가 수정되면 시스템의 다른 부분에 영향을 미칠 수 있는데, 때때로 부정적인 영향을 미치기도 한다. 이때 가능한 한 작은 크기의 코드를 독립적으로 테스트할 수 있는 테스트 케이스가 있다면, 해당 코드는 변경과 무관하게 정상 동작한다고 믿을 수 있다. 이런 단위 테스트는 코드의 검증 기준으로 활용될 수 있으며, 실행에 실패할 경우 코드에 문제가 있음을 알아낼 수 있다.

각 테스트 코드는 서로 격리되어 실행되기 때문에 대상 코드의 외부 요인들을 가상으로 만들어내야 하는 경우도 종종 생긴다. 단위 테스트에 모킹 프레임워크[mocking framework]를 이용하면 단위 테스트 대상 코드가 호출하는 외부 서비스를 모킹하는 등의 작업을 손쉽게 할 수 있다.

단위 테스트의 종류

테스트는 안드로이드 플랫폼에 독립적으로 실행되는지 여부에 따라 로컬 테스트와 인스트루멘티드 테스트로 나뉜다.

- **로컬 테스트** local test : 테스트는 로컬 **자바 가상 머신** JVM, Java Virtual Machine 에서 실행된다. 코드는 안드로이드 시스템에 의존성을 갖지 않은 상태에서 실행되며, 의존성을 갖는 부분이 있다면 모킹 프레임워크 등으로 시뮬레이션해야 한다.
  - https://developer.android.com/training/testing/unit-testing/index.html 페이지는 단위 테스트를 수행하기 위한 단계별 가이드를 제공한다.

- **인스트루멘티드 테스트** instrumented test : 로컬 테스트와 반대로 이 테스트는 안드로이드 디바이스 혹은 에뮬레이터에서 실행되며, 안드로이드 시스템에 강한 의존 관계를 갖거나 모킹 프레임워크 등을 사용하기 어려운 경우에 추천하는 방식이다. 이러한 테스트에선 `android.content.Context` 클래스가 제공하는 애플리케이션 환경 정보 등의 인스트루멘테이션 정보가 제공된다.
  - https://developer.android.com/training/testing/unit-testing/instrumented-unit-tests.html 페이지는 인스트루멘티드 테스트를 만드는 단계별 가이드를 제공한다.

로컬 단위 테스트의 소스 코드는 module-name/src/test/java 폴더에 저장해야 하고, 인스트루멘티드 단위 테스트의 소스 코드는 module-name/src/androidTest/java 폴더에 저장해야 한다.

UI 테스트 자동화

웨어 앱의 경우 복잡한 UI 인터랙션 등 주의 깊게 테스트돼야 할 부분들이 있는데, 이런 부분은 단위 테스트만으로는 충분히 검증됐다고 보기 어렵다. 테스트 인력을 충분히 갖춰서 직접 테스트할 수 있으면 좋겠지만, 수동 테스트는 시간과 비용 측면에서 효율적이지 않다. 또한 테스터 개인별 오차가 발생할 수 있다는 문제도 있다.

사람의 동작을 흉내 내는 UI 테스트를 작성하면 시간을 절약할 수 있고, 테스트 결과의 품질에 대한 신뢰성도 확보할 수 있다. 자동화된 UI 테스트는 인스트루멘티드 테스트와 같은 폴더인 module-name/src/androidTest/java에 작성한다.

안드로이드 그레이들 플러그인은 이 폴더에 작성된 코드를 빌드하고, 앱을 실행할 대상 디바이스에서 실행한다. 이런 방식 덕택에 UI 테스트 프레임워크를 이용하면 대상 앱의 사용자 인터랙션을 시뮬레이션할 수 있다. 자동화된 UI 테스트는 하나의 앱 내부의 동작뿐 아니라 여러 앱에 걸쳐 실행되는 동작도 테스트할 수 있다.

단일 앱 테스트는 특정 액티비티에 특정 사용자 입력을 발생시키는 방식으로 사용자 인터랙션을 시뮬레이션한다. 단일 앱 테스트는 **에스프레소** Espresso 같은 UI 테스트 프레임워크를 이용하며, 사용자 인터랙션의 결과로 우리가 기대한 UI 결과가 그려지는지 확인해서 앱 내 여러 액티비티의 사용자 인터랙션을 검증할 수 있다.

멀티 앱 테스트(앱 간 연동 테스트)에선 여러 앱을 넘나드는 기능을 테스트하며, **UI 오토메이터** UI Automator 등의 프레임워크를 이용한다. 멀티 앱 테스트에선 계산기 앱을 실행해 계산을 한 결과를 우리 앱의 입력으로 전달하는 테스트도 가능하다.

테스트 API

안드로이드 테스트는 JUnit에 기반을 둔다. 여기서 다룰 단위 테스트와 통합 테스트는 JUnit 4를 기준으로 작성됐다.

JUnit

JUnit은 단위 테스트 프레임워크 아키텍처인 **xUnit**의 구현체 중 하나다. JUnit은 테스트 실행 환경 준비, 실행 후 리소스 정리, 결과 확인 기능을 제공한다. 테스트 클래스는 하나 이상의 메소드를 갖는다. 많이 쓰이는 JUnit 애노테이션으로는 준비 작업 메소드를 표시하는 `@Before`, 정리 작업 메소드를 표시하는 `@After` 등이 있다. `@Test` 애노테이션은 테스트 메소드를 표시한다.

JUnit 테스트 클래스의 테스트 실행 클래스를 `AndroidJUnitRunner`로 지정하면, 에스프레소나 UI 오토메이터의 API를 사용해 사용자 인터랙션을 시뮬레이션할 수 있다.

AndroidJUnitRunner 클래스

`AndroidJUnitRunner` 클래스는 안드로이드 디바이스에서 JUnit 테스트 클래스를 실행해주는 테스트 실행 클래스다. 테스트 실행 클래스는 테스트 패키지와 앱을 실행할 디바이스에서 읽어들이고, 테스트를 실행하고, 테스트 결과를 기록한다. 다음 기능은 JUnit이 아닌 `AndroidJUnitRunner` 클래스가 자체적으로 제공하는 기능이다.

- **인스트루멘테이션 정보에 접근**: 인스트루멘테이션 객체, 대상 앱의 `Context` 객체, 테스트 앱의 `Context` 객체에 손쉽게 접근할 수 있는 `InstrumentationRegistry` 클래스를 제공한다.

- **테스트 필터링**: JUnit 4가 제공하는 표준 애노테이션 외에 안드로이드 전용 애노테이션을 제공한다. `@RequiresDevice`는 에뮬레이터가 아닌 실제 디바이스에서만 실행돼야 하는 테스트를 표시한다. `@SdkSuppress`는 지정한 API 이상에서만 실행돼야 할 테스트를 표시한다. 즉 `@SDKSupress(minSdkVersion=18)`이라면 이 테스트는 API 18 이상의 환경에서만 실행된다.

- **테스트 분할**^{test sharding} : `AndroidJUnitRunner`는 테스트 스위트를 여러 개의 묶음으로 분할해서, 특정 묶음의 테스트만 실행하는 기능을 제공한다. 각 테스트 묶음은 고유한 번호를 식별자로 갖는다.

에스프레소

에스프레소^{Espresso}는 하나의 앱 내부의 사용자 동작을 검증하는 테스트 프레임워크다. 에스프레소가 제공하는 API를 이용하면 테스트 대상 앱의 내부 정보를 이용하는 테스트를 만들 수 있다. API가 제공하는 기능으론 뷰와 어댑터 연결, 액션 API, UI 스레드 동기화 등이 있고, 다음 각 절에서 기능들을 간단히 살펴본다.

뷰와 어댑터 연결

Expresso.onView() 메소드를 이용하면 앱의 특정 UI 컴포넌트에 접근할 수 있다. 이 메소드는 뷰 계층을 검색해서 대상 뷰를 찾아내고, 뷰의 참조를 반환한다. 대상을 지정하는 조건은 메소드의 인자로 전달한다. 다음 예제를 살펴보자.

```
onView(withId(R.id.my_button));
```

반환된 참조는 사용자 액션을 실행하거나, 결과를 검증하는 데 활용할 수 있다.

특정 뷰의 참조를 얻을 땐 뷰 매칭 기능을 이용하면 되지만, 대상 뷰가 AdapterView를 상속한 레이아웃 내에 있을 땐 어댑터 매칭 기능을 사용해야 한다. AdapterView의 경우엔 레이아웃 내부의 뷰 계층 중 일부만 불려진 상태일 수 있는데, 이 경우엔 Espresso.onData() 메소드를 이용해 대상 뷰에 접근할 수 있다.

액션 API

android.support.test.espresso.action.ViewActions API를 이용하면 클릭, 스와이프, 버튼 누름, 텍스트 입력, 링크 이동 등의 액션을 실행할 수 있다.

UI 오토메이터

구글이 만든 UI 오토메이터^{UI Automator}는 사용자 앱과 시스템 앱이 상호작용하는 UI 테스트를 만들 수 있는 API를 제공한다. UI 오토메이터의 API를 이용하면 테스트 디바이스의 앱 런처를 실행하거나 Settings^{설정} 메뉴를 여는 테스트를 만들 수 있다. 테스트 코드가 대상 앱의 내부 구현에 의존 관계를 갖지 않는다면, UI 오토메이터는 자동화 테스트 프레임워크 중 훌륭한 선택지가 될 수 있다.

UI 오토메이터는 다음 컴포넌트를 제공한다.

- UI 오토메이터 뷰어는 디바이스에 표시되는 UI 컴포넌트의 레이아웃 계층과 뷰 속성 정보를 제공한다. 이 도구는 〈android-sdk〉/tools에 위치한다.
- android.support.test.uiautomator.UiDevice API를 이용하면 앱이 실행 중인 디바이스의 정보를 가져오고, 액션을 수행할 수 있다. UiDevice 클래스를 이용하면 디바이스 회전, 백, 홈, 메뉴 버튼 누르기, 스크린샷 찍기 등의 작업을 할 수 있다.

  다음 코드를 보면 알 수 있듯이, UiDevice 클래스를 이용하면 홈 버튼 누르기 동작 등의 작업을 쉽게 구현할 수 있다.

```
mDevice = UiDevice.getInstance(getInstrumentation());
mDevice.pressHome();
```

- UI 오토메이터 API를 이용하면 여러 앱들의 UI 컴포넌트에 접근해 조작할 수 있으므로 여러 앱에 걸친 UI 테스트를 만들 수 있다.

몽키와 몽키러너

몽키^{Monkey}는 디바이스에 임의의 제스처, 키 입력, 터치를 전송하는 명령줄 도구다. 몽키는 **안드로이드 디버그 브리지**^{ADB, Android Debug Bridge}를 통해 실행되며, 앱을 스트레스 테스트하는 용도로 주로 활용한다.

몽키러너^{Monkeyrunner}는 파이썬으로 작성된 API 겸 실행 환경이다. 몽키러너는 디바이스 연결, 패키지 설치와 제거, 스크린샷 찍기 등의 기능을 제공한다. 몽키러너는 몽키러너 API를 이용한 프로그램을 실행하는 명령줄 도구도 제공한다.

UI 성능 측정, UI 성능 측정 테스트 자동화 등 몽키러너와 관련된 자세한 정보는 https://developer.android.com/training/testing/start/index.html에서 확인해보기 바란다.

수동 테스트

아무리 자동화 테스트를 잘 만들었다고 해도, 직접 써보기 전까진 테스트가 끝났다고 할 수 없다. 개발 단계 중엔 꼭 사용자 인터랙션과 앱의 여러 기능을 테스트하는 단계가 포함돼야 한다. 이때 코드로 구현된 모든 UI 경로가 검증돼야 한다. 웨어의 경우엔 원형 기기와 정사각형 기기 모두에서 화면이 올바로 표시되는지 확인해야 한다.

이 과정에서 사용자 인터랙션을 개선하기 위한 귀중한 정보를 얻게 되기도 한다. 개발 중인 앱의 개선점을 식별하고 적용하는 데 9장에서 다룬 머티리얼 디자인의 개념을 유용하게 활용할 수 있다.

▌ 앱 배포

이전 절에선 앱을 테스트하는 방법을 다뤘다. 테스트는 배포를 위한 전제 조건이며, 테스트 과정에서 개발자는 웨어 앱이 품질 측면에서 일반 앱과 다른 점을 이해할 수 있다. 관련 내용은 https://developer.android.com/distribute/essentials/quality/wear.html에서 확인할 수 있다.

테스트까지 마쳤다면 이제 고객들에게 배포할 준비를 시작하자. 이번 절에선 구글 플레이^{Google Play}를 이용해 앱을 출시하고 배포하는 방법을 다룬다.

패키징

안드로이드 스튜디오를 이용해 APK를 만들면, 모바일 APK와 웨어러블 APK가 하나씩 만들어진다.

안드로이드 스튜디오에서 웨어 앱을 패키징하려면 다음 단계를 거쳐야 한다.

1. 웨어러블 앱 모듈의 매니페스트 파일의 모든 권한을 핸드헬드 앱 모듈의 매니페스트 파일로 복사한다.
2. 웨어러블 앱 모듈과 핸드헬드 앱 모듈의 패키지 이름과 버전 번호가 동일한지 확인한다.
3. 핸드헬드 앱의 build.gradle 파일에 웨어러블 앱 모듈의 build.gradle 파일에 대한 의존 관계를 명시한다.
4. Build > Generate Signed APK... 메뉴를 실행한다.

다음 스크린샷을 참고하자.

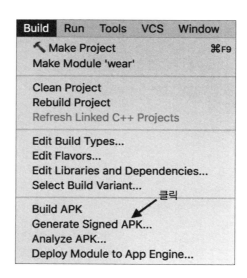

모바일 또는 웨어 APK를 만들 모듈을 선택한다.

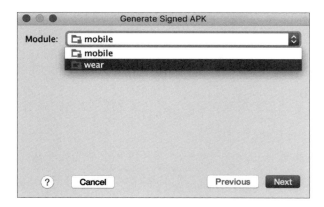

릴리스용 키스토어를 기존 파일 중에서 선택하거나 새로 생성해 지정한다.

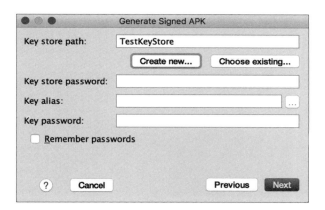

다음 스크린샷은 새로운 키스토어를 만드는 화면을 보여준다.

APK 파일이 생성될 폴더를 지정하고 Finish를 클릭한다.

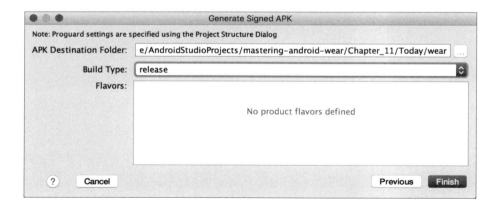

이제 우리가 지정한 폴더에 2개의 APK 파일이 생성된다.

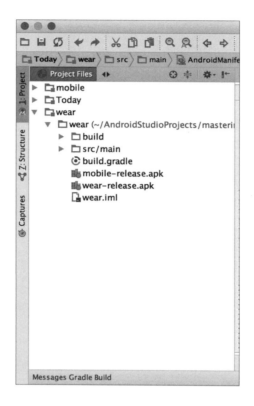

퍼블리싱과 옵트인

APK를 만든 후 웨어 앱 품질 확인을 위한 테스트까지 마쳐 출시할 준비가 되었다고 판단했다면, Developer Console개발자콘솔에 APK를 업로드한다. 이 단계에서 배포 옵션을 지정하고, 웨어 앱의 스크린샷을 포함한 스토어 등록 정보를 입력한다. 자세한 앱 출시 체크리스트는 https://developer.android.com/distribute/best-practices/launch/launch-checklist.html을 참고한다. 가급적 출시 전 이 체크리스트를 확인해보기 바란다.

앱을 출시할 준비가 되었다면 개발자 콘솔의 Pricing and Distribution^{가격 및 배포} 메뉴에서 웨어 앱 배포 옵션을 켜야 한다. 이 옵션을 켠다는 것은 우리가 만든 웨어 앱이 웨어 앱 품질 기준을 만족하며, 구글 플레이에서 안드로이드 웨어 유저들에게 우리 앱이 더 쉽게 노출되기를 바란다는 것을 의미한다. 이 단계를 도식화하면 다음 그림과 같다.

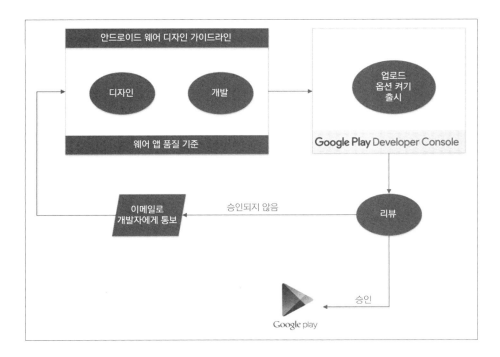

옵션을 켜고 앱을 출시하면 구글 플레이는 우리 앱을 **웨어 앱 품질 기준**^{Wear App Quality criteria}에 따라 리뷰한다. 앱이 배포되면 개발자에게 결과가 통보된다. 앱이 품질 기준을 만족했다면, 구글 플레이는 안드로이드 웨어 사용자가 앱을 더 쉽게 찾을 수 있도록 조치한다.

앱이 기준을 통과하지 못했다면, 통과하지 못한 이유가 담긴 이메일이 앱의 개발자 계정으로 발송된다. 문제를 수정해서 앱을 다시 개발자 콘솔에 업로드하면 리뷰가 다시 진행된다.

리뷰와 승인 상태는 구글 플레이 개발자 콘솔의 안드로이드 웨어 부분의 Pricing and Distribution^{가격 및 배포} 페이지에서 확인할 수 있다.

다음 스크린샷과 같이 **Add new application** ^{애플리케이션 만들기} 버튼을 클릭하면 앱을 업로드할 수 있다.

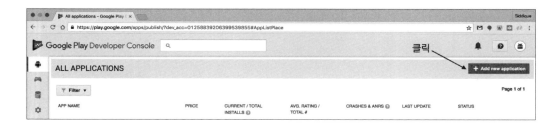

APK를 업로드하기 전에 기본 언어와 제목을 입력한다.

PRODUCTION^{프로덕션}, BETA TESTING^{베타}, ALPHA TESTING^{알파} 중에서 릴리스 타입을 선택하고 Upload your first APK to Production^{업로드} 버튼을 클릭한다.

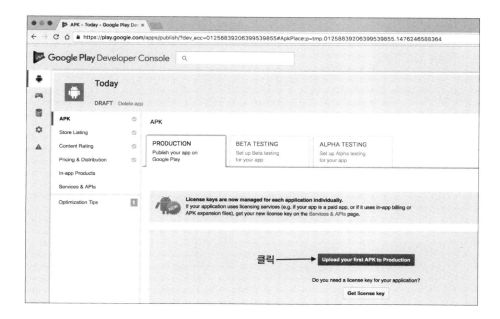

이제 웨어 또는 모바일 APK 파일을 선택해 업로드한다.

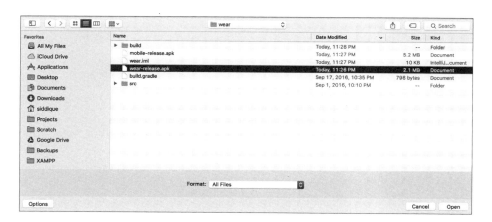

이제 출시에 필요한 정보를 입력한다.

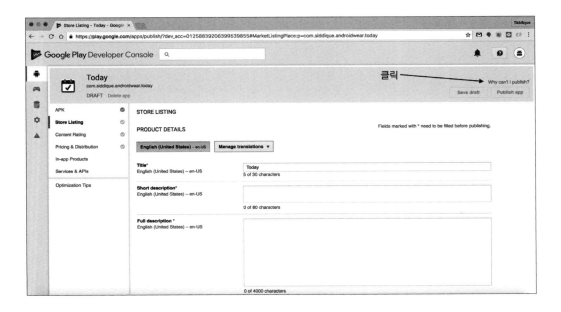

화면 오른쪽 상단의 Why can't I publish? ^{출시할 수 없는 이유가 무엇인가요?} 링크를 클릭하면 오류 내용이 표시된다. 다음 스크린샷은 앱 출시에 필요한 항목들을 보여준다. 항목들을 모두 입력했다면 앱을 출시할 준비가 완료된 상태다.

▌ 요약

12장에선 안드로이드 테스트를 소개하고, 로컬 단위 테스트와 인스트루멘티드 테스트의 차이점을 알아봤다. 그리고 안드로이드 스튜디오에서 웨어 앱 테스트를 할 수 있도록 제공되는 도구를 알아보고, UI 테스트 자동화 방법을 알아봤다. 마지막으로, 구글 플레이에 앱을 출시하기 위한 준비 과정을 살펴봤다.

찾아보기

에이콘출판의 기틀을 마련하신 故 정완재 선생님 (1935-2004)

안드로이드 웨어 애플리케이션 개발

안드로이드 웨어 앱 개발 기초부터 테스트, 배포까지

발 행 | 2017년 9월 27일

지은이 | 시디크 하메드 · 자비드 치다
옮긴이 | 안세원 · 이별임

펴낸이 | 권 성 준
편집장 | 황 영 주
편 집 | 이 지 은
디자인 | 박 주 란

에이콘출판주식회사
서울특별시 양천구 국회대로 287 (목동)
전화 02-2653-7600, 팩스 02-2653-0433
www.acornpub.co.kr / editor@acornpub.co.kr

한국어판 ⓒ 에이콘출판주식회사, 2017, Printed in Korea.
ISBN 979-11-6175-060-6
ISBN 978-89-6077-210-6 (세트)
http://www.acornpub.co.kr/book/android-wear-application

이 도서의 국립중앙도서관 출판시도서목록(CIP)은 서지정보유통지원시스템 홈페이지(http://seoji.nl.go.kr)와
국가자료공동목록시스템(http://www.nl.go.kr/kolisnet)에서 이용하실 수 있습니다.(CIP제어번호: CIP2017024559)

책값은 뒤표지에 있습니다.